ちぐはぐな身体《からだ》

ファッションって何？

鷲田清一

筑摩書房

ちぐはぐな身体《からだ》――ファッションって何？＊目次

1 つぎはぎの身体

2 みっともない衣服

3　ふつりあいな存在

4　衣服というギプス

ちぐはぐな身体《からだ》——ファッションって何？

写真提供＝コム デ ギャルソン
ヨウジヤマモト
ワイズ
三宅デザイン事務所 ほか

1

つぎはぎの身体《からだ》

みっともない身体《からだ》、ひきつる身体

からだって、こまったものだ。ちっとも思うようにならないし、ぶかっこうだし、一生懸命いじってもたいして変わりばえしないし、見せたくなくっても隠しきれないし……。どうしてこんなみっともないもの、ひきずっているのだろう。いいかげん、いやになる。

最初は十代のはじめ。声が出にくくなる、顔の皮膚に脂がたまってつぶれる、あちこちから黒い毛が生えてくる……。あるいは、胸のあたりがムクムクふくらんでくる、下っ腹がつっぱる、血がにじみ出る……。

あるいは痛みや病《やまい》。これらはいつ襲ってくるかわからないんだけれど、それに対してぼくらはいつも受け身でしかいられない。襲われたら襲われっぱなしで、せいぜいそれをなだめすかしたり、それとうまく折り合っていくくらいの努力しかできない。ぼくらはなさけないほど無力で無防備な存在だ。ぼくらはこんなふうにじぶんの身体《からだ》にいつも不安をいだいている。

けれども、もっと困ることがある。それはじぶんの身体がじゅうぶんによく見えないということだ。じぶんの身体のうち、じかに見えるところってどれくらいあるだろう。たとえば手や腕。でも腋の下となるともうなかなか見えにくくて、腋毛を処理するときなんて頸《くび》と眼がひきつって、ほんとにくたびれる。鏡を使えば使ったで、左右が逆だからカンが狂う。ぼくは男だから、体毛の始末をするっていっても髭を剃るくらいだけれど、腋に毛が生えはじめたときは何度ものぞきこんで肩を凝らした思い出があるから、想像はつく。あるいは、おなか。これもよく見えるようで、すこし下のほうにいくと、もう見づらい。女の子だったら、いちばん気になる部分、あるいは気にしたくもない部分がその下にあるのだろうけれど、これはたぶん鏡でも使わないとぜんぜん見えないはずだ。隠すも隠さないも、からだのその部分は本人にはまるで見えない。

背中も見えないし、後頭部も見えないが、なんといってもいちばん困るのは、顔が見えないこと。鏡にしたって、かまえた顔、予定どおりの顔しか見えない。他人に向けられたじぶんの生《なま》の顔はぜったい見えない。その顔、じぶんの感情の微細な揺れがそのまま出てしまうそのじぶんの顔を、ぼくらは、コントロール不可能なまま、それをそのままいつも他人にさらしている。物騒なことだ。むかしの人は編み笠をかぶったり、髪をたらしたりして顔を覆ったし、いまも戸外では顔面をすっぽり布で覆っている社会もあるが、考えてみればなかなか理にかなった習慣だ。

ニーチェという哲学者は、「各人にとってはじぶん自身がいちばん遠い」と言っているけれど、それをまねて、ぼくらにとってはじぶんの身体《からだ》がいちばん遠い、と言えるのではないだろうか。じぶんの身体は、その表面のほんの一部分しか見えないし、身体の内部ともなればこれはぜんぜん見えない。胃カメラやレントゲン写真で見せてもらい、これがあなたの身体です、と言われても、なんとも実感がともなわない。とにかく、ことじぶんの身体にかんしては、知覚情報はなんとも乏しいのだ。

それにしても、じぶんの身体がこんなにも遠いとは、考えてみればおそろしいことだ。そしてそれをあつかいあぐねているうちにも、身体は勝手に変化していく。

最近自分の体が、とてつもなく萎縮しているのを感じます。東京で生活するようになって特にひどくなったと思うのですが、気がついてみたら二十一歳にもな

白虎社公演　秘鳴の森（作・演出・振付＝大須賀勇）
～和歌山県熊野の野外劇場で踊る蛭田早苗～　撮影＝風間秀夫

って自分の体ひとつまともに思うように動かせず、声さえ出せず、まったくのでくのぼうになってしまっているのです。色々なものを恐れたり、いろんなことに迷ったりして、すっかり萎縮してしまって、何一つうまく表現できない自分の体に気がついて、苛立っていたのです。

最近とうとう解散してしまった舞踏集団・白虎社の元ダンサーで、在団中に交通事故で亡くなった青山美智子さんは、かつて入団希望書にこのように書いたが、こういう身体の逼塞《ひっそく》感というのは、だれもが一度は感じたことがあるんじゃないかとおもう。あるいは逆に、からだががちがちになっている感じ。身体《からだ》が緊張や羞恥でかちかちになっているというのではなくて、いろんな強迫的な観念〔オブセッション〕によって金縛りになっているケースだ。異物に触れるのがこわい、おじさんが近くにくるだけで気もちわるいという接触恐怖、じぶんの体臭や口臭がひとにいやな感じを与えているのではないかという不安（口腔《こうくう》神経症ということばもある）、肌がべとついたり脂ぎったりするのが耐えられなくって暇を見つけてはシャワーを浴びたりシャンプーをしたりするいわゆる清潔シンドローム、じぶんのからだが標準サイズから外れ、醜いとおもいこんでダイエットにいそしむ痩身《そうしん》願望、そしてそれがこじれ食欲がついに制御不可能になった拒食症や過食症……。こういうビョーキも、ぼくらの存在のすぐそばにある。

こわれやすい身体《からだ》――〈像《イメージ》〉としてのからだ

からだの意識というのは、ささいなことでいともかんたんにもつれてしまう。ほんとになさけないくらいあっけなく、からだの意識は揺らいでしまう。そういう壊れやすさ、揺らぎやすさというのは、いったい何に起因するのだろう。

身体が〈像《イメージ》〉だからだ、と言えばびっくりするかな。ひとはたしかに、身体がなければ生きていけないし、現に手でさわるとたしかに歴然と物としてあるし、これがたんなる〈像《イメージ》〉であるはずはない。だれもがそう反論したって不思議じゃない。でもほんとうにそうなのだろうか。

じぶんの身体というものは、だれもがじぶんのもっとも近くにあるものだとおもっている。たとえば包丁で切った傷の痛みはぼくだけが感じるもので、他人は頭で理解してくれても、ぼくの代わりに痛んでくれるわけではない。その意味で、ぼくとはほかならぬこのぼくの身体のことだ、と言いうるほどに、ぼくはまちがいなくぼくの身体に密着している。ところが、よく考えてみると、ぼくがじぶんの身体についてもっている情報は、ふつう想像しているよりもはるかに貧弱なものだ。身体の全表面のうちでじぶんで見える部分というのは、ごく限られている。さっきもふれたことだけれど、だれもじぶんの身体の内部はもちろん、背中や後頭部でさえじかに見たことがない。ましてや自分の顔は、終生見ることができない。ところがその顔に、じぶんではコントロール不可能なじぶんの感情の揺れが露出してしまう。なんとも無防備なのだ。

ぼくらの身体というのは、知覚情報も乏しいし、思うがままに統御もできないという意味では、ぼくらにとって想像以上に遠く隔たったものだ。

ぼくの身体でぼくがじかに見たり触れたりして確認できるのは、つねにその断片でしかないとすると、このぼくの身体《からだ》って離れて見ればこんなふうに見えるんだろうな……という想像のなかでしか、ぼくの身体はその全体像をあらわさないと言っていいはずだ。つまり、ぼくの身体とはぼくが想像するもの、つまり〈像《イメージ》〉でしかありえないことになる。言いかえると、見るにしろ、触れるにしろ、ぼくらはじぶんの身体に関してはつねに部分的な経験しか可能ではないので、そういうばらばらの身体知覚は、ある一つの想像的な「身体像」を繋ぎ目としてたがいにパッチワークのようにつながれることではじめて、あるまとまった身体として了解されるのだということだ。ぼくらが着る最初の服は、この意味で、〈像〉としてのからだの全体像なのだ。そして、身体はその意味で想像の産物、解釈の産物でしかないからこそ、もろいもの、壊れやすいものなのだ。

だから、他人に怪訝そうな表情で全身嘗《な》めるように見回されるだけで、じぶんの抱《いだ》いている身体像はとたんに揺らいでしまう。あるいは、異性の服装をするよう強制されるだけで、たちまちそういう自己解釈によって成り立っているじぶんの同一性は危うくなる。

〈像《イメージ》〉を補強する——からだを包囲する

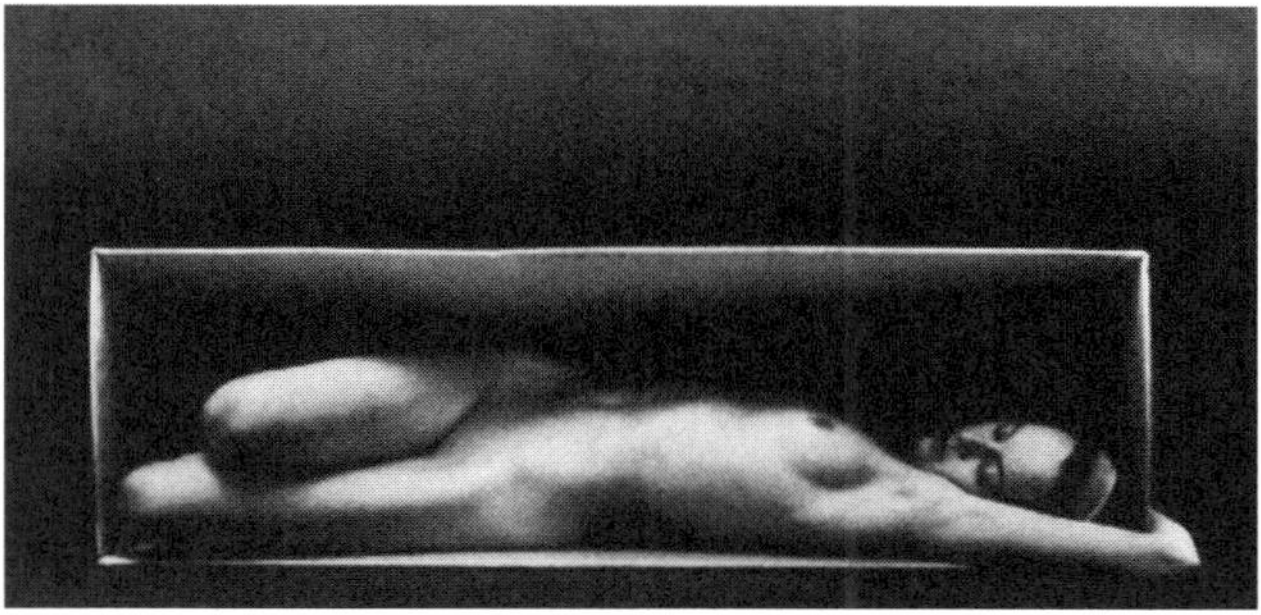

ルート・ベルンハルト「イン・ザ・ボックス」1962年

そこでひとは、こうした〈像《イメージ》〉としての身体のもろさを補強するために、いろんな手段を編みだすことになる。つまり、〈わたし〉というものの存在の輪郭を補強することで、じぶんのもろい存在がかもす不安をしずめようとする。そのために、たとえば皮膚感覚を活性化することで、見えない身体の輪郭を浮き彫りにしようとする。熱い湯に浸かったり、冷水のシャワーを浴びたり、日光浴したり、スポーツで汗をかいたりする。あるいは、他人と身体を接触させたりする、あぐらを組む父親のふところに入る、異性と身体をふれあう……。

　なぜこういう行為が心地よいかというと、たとえばお風呂に入ったりシャワーを浴びたりすると、湯や水と皮膚との温度差によって皮膚が刺激され、皮膚感覚が覚醒させられる。ふだん見えない背中や太股の裏の存在が、その表面のところでくっきり浮かび上がってくる。視覚的には直接感覚することのできない身体《からだ》の輪郭が、皮膚感覚というかたちでくっきりしてくるのだ。お父さんの膝のあいだに座ってもたれたときに背中で感じる温かい壁のような感触にひたって安心するというのも、心理的以外にこういう理由もあるのだろう。激しい運動をして筋肉がこったり、汗をかいて肌がひんやりするのも、他人の手で身体をなでられるのも、お酒を呑むと血が皮膚の裏側ぎりぎりのところにまで押し寄せてくるような感覚があるのも、みな、身体のおぼろげなイメージ、たよりないイメージを補強する効果をもっているのだろう。それらがひとの存在に確かな囲いを与えてくれるのだ（前頁写真参照）。

服についても同じことが言える。服を着ると、身体を動かすたびに皮膚が布地に擦《す》れる。身体の動きとともに、身体表面のそこかしこで身体と衣料との接触が起こるのだ。その接触感が、ふだんはじかには見えない身体のあやふやな輪郭を、くっきりと浮き立たせてくれるのだ。こういう感覚が、存在のベーシック・トーンとでもいうべきものとなって、ぼくらの気分をあるていど安定させているのだろう。

〈像〉を強化する——からだに切れ目を入れる

ところで、〈わたし〉の輪郭を補強するには、皮膚感覚を使うこのようなフィジカルな方法のほかに、もう一つ別の方法がある。これまで、ぼくらの身体《からだ》というものはイメージとしてしかとらえられないもの、つまり想像や解釈の対象でしかありえないということをみてきたのだけれど、そういうイメージとしてのじぶんの存在を、社会的な〈意味〉で何重にも包装し、強化していく方法だ。身体の表面にさまざまの意味を発生させ、増殖させることで、じぶんがだれかという、そういう意味づけをもっと細かく、そしてもっと多様なしかたで与えていくということ、要するに、じぶんの性別、あるいは性格、職業、ライフスタイルなどを、眼に見えるかたちで表現していくというやりかただ。

イメージとしての身体に切れ目を入れる。それが身体の表面にさまざまの意味を発生させるもっとも基本的な手法だ。たとえば一枚の布をまとうとしよう。布の両端を紐かボタンでとめると布は筒になる。するとそこに〈内〉と〈外〉が出現することになる。そしてその内部が、ぼくだけの「秘密の」空間となる。つまり、見せる／隠すという二つのベクトルが、布をまとうという一つの行為のなかに発生しはじめるのだ。するとと、ひとの視線は布とそこからのぞく肌との境界に吸い寄せられる。境目をどこに設定するか、というのが服飾のポイントになってくるわけだ。胸ぐり（ファッション用語では「デコルテ」という）をどのていどの深さにするか？　スカートの裾はどの位置にするか、くるぶしを出すか、膝も出すか、太股を露出するか？　袖口の位置は？　髪の毛の長さは？　ソックスの上端はどのあたりに？　そうしてたった一センチの出入りにこころをときめかせるのだ。黒いガーターとストッキングと素肌とのコンビネーションでできているあの「誘惑」の装置など、ただ身体《からだ》を象徴的に切断するために考えだされたとしか言えないくらいだ。

切れ目は肌にも書き込まれる。口紅で唇をその周辺から切り取る。目のまわりをアイラインで縁どる。揉《も》み上げや髭のデザイン、マニキュア、ネックレスやブレスレットなどにも、身体を象徴的に切断するという面がある。身体の表面に線を引き、それを塗り分け、いくつかに分割することで、そこに意味を呼び込むのだ。身体の表面に引かれた切断線、それはシャープであればあるほど、あやしげな誘惑力をもつ（次頁写真参照）。

プライヴェートな身体、パブリックな身体

いちばん重要な切れ目は、たぶん、他人に見せてよい部分と見せてはいけない部分の境界だろう。つまり衣服と肌の境目。ぼくらの社会では顔と手や腕、それに足の一部分は見せていいことになっている。つまり顔や手足は身体の公的な部分とされ、そ

れ以外の部分、とくに生殖や排泄にかかわる部分とその周辺は露出してはいけない部分、つまりは身体の私秘的《プライヴェート》な部分であるとされる。身体の表面でさまざまのストー

アーヴィン・ペンの「ヴォーグ」誌の表紙　1950年

リーが展開しはじめるのだ。

顔や手足の露出と身体の隠蔽。この点にふれて、ルモワーヌ＝ルッチオーニという精神科医は、ぼくらのからだのうえで、顔とそれ以外のボディがかくれんぼ遊びをしていると言っている。「衣服で身体を覆うことは、顔にコミュニケーションの優位をゆずることであるが、仮面は身体をふたたびコミュニケーションの道具にする」というのだ。仮面、あるいは暗黒舞踏でするような白塗りの厚化粧は、顔のメッセージを消去することで、逆にボディの運動にメッセージ機能を回復してやるわけだ。ボディにことばを回復する芸術、たとえばパントマイムが道化のような無表情のメイクをするのもそういう理由による。女のひとが化粧を日によって濃くしたり薄くしたりするのも、ひょっとしたら他人に対して〈わたし〉を薄くしたり濃くしたり微妙に調節するというところがあるのではないだろうか。

身体の表面に切れ目を入れるということには、これとはちがった効果もある。たとえば口唇《くちびる》にルージュを引いて、濡れて鮮やかでくっきりとした口唇を一個の独立の形象として顔面から分離することで、それは独自の意味作用、たとえば性器のぬめった陰唇とのアナロジーを開始させもする。分離され、孤立させられた身体部分どうしが、いろんな連想関係に入るのだ。

ルネ・マグリット「凌辱」1945年

ルネ・マグリットというシュルレアリスムの画家に「凌辱《りょうじょく》」(一九四五年)と題した作品がある。二つの乳首を眼に、臍《へそ》を鼻に、性器を口にイメージのうえで連結する

ルネ・マグリットによる
アンドレ・ブルトンの『シュルレアリスムとは何か』の表紙　1934年

ことで、女性の胴体の前面を顔として描きだした絵だ。このモチーフはアンドレ・ブルトンの『シュルレアリスムとは何か』（一九三四年）の表紙にも用いられていた（このときは口許《くちもと》に髭＝陰毛が生えていた）。ついでに言うと、英語の「リップ」は日本語の「くちびる」とちがって、口許（唇とそのまわり）をさす。だから「彼の唇《リップ》には髭が生えている」という言い方もできる。ルージュは、その意味ではまさに、リップから唇を分離する装置なのだ。

「きたない」という感覚

　この問題をもうすこし一般化して考えてみよう。ぼくらが生きていくうえで「切る」とか「境目を入れる」というのはとても重要な意味をもっている。それを象徴的に表現しているのがファッションだったのだが、こういう切断や分割という行為はファッションにかぎらず、ぼくらの生活のあらゆる局面ではたらきだしているものだ。たとえば、身のまわりにあるものを自分のものと他人のものに分ける。ひとを男性と女性に分ける。男性と女性の外見は、ひとが想像するほどはなはだしくかけ離れているわけではないのに、服装やしぐさでぼくらは過剰なほどに明確に両者を区別する。脚の構造は同じなのに、男性はズボン、女性はスカートをはくといったぐあいに、だ。胸が膨らんでいない幼女にワンピースの水着を着せたりもする。これだけでも服装がいかに人間についての固定観念によって編まれているかがわかる。

　それ以外にも、生きているものと死んだもの、食べられるものと食べられないもの、敵と味方、知りあいと未知のひと、有害なものと無害なもの……それこそ数え上げればきりがない。ぼくらはしじゅう世界を二つに分け、そして分けられたものの一方を選びとりながら生きている。

ところで、ぼくらがよく襲われるきつい感覚に「きたない」という感覚がある。げろ（吐瀉物《としゃぶつ》）、大便や尿（排泄物）、痰《たん》、生ゴミ、お風呂に浮いている垢《あか》、床の絨毯《じゅうたん》にからまった髪の毛……そういうものに多くのひとが「きたない」と発作的に反応する。ちなみに、むかしぼくが看護学校へ哲学を教えにいっていたころ、生徒たちに「きみがいちばんきたないとおもうものは？」と質問すると、最初に返ってきた答えがなんと「おじさん！」というもので、なんのためらいもなくそういう答えが返ってきて、卒倒しそうになったのをおぼえている。その日はさすがに最後までことばがしどろもどろだった。まあ、それはそれとして、さきほどあげたようなげろや便、尿、痰、あるいは鼻水や唾《つば》、垢、ふけなど、ひとがきたないとおもうものには、一つの共通点がある。それ自体はなんらきたないものではないということだ。変な理屈だとおもわれるかもしれないが、吐瀉物や排泄物、あるいは痰や鼻水、唾などはもともとからだのなかにあったもので、からだのなかにあるときはだれもそれをきたないとはおもわない。もし便がきたないものなら、年がら年中下剤を呑んで、トイレに駆け込まなければならない。垢やふけにしても、それが皮膚の一部であるときはきたないと意識されない。皮膚からはげ落ちてはじめてそれはきたないものになる。その証拠に、親子や恋人どうしなら、ほっぺに平気でキスをする。このように見てくると、げろも便も尿も痰も鼻水も唾も垢も、どれもこれもいつでも「きたない」わけではないことがわかる。つまりそれらは、ある状況に置かれたとたん、きたなくなるのだ。

どういう状況か。身体《からだ》の内部にあったものが身体の穴（開口部）から出てきたとき、もしくは出たり入ったりしているとき、あるいは身体の一部が身体から剝落したとき。たとえば鼻水。出てもすぐに拭いてティッシュとともにごみ箱に棄てれば問題ないが、ずるずると鼻の下を行ったり来たりしていると問題である。便も、すればすぐに水に流し、肛門を拭くよう教えられる。その鼻水にしても便にしても、からだのなかにあるときはまったく問題ではない。気にもならない。体内から排出されても、それをすぐに拭い、除去し、見えないところに廃棄すれば、これも問題ない。その中間の状態、つまり出っぱなしになっている状態、出たり入ったりしている状態が問題なのだ。

境目があいまいになるとき、つまり内か外か、それがじぶんのものかもはやじぶんのものでないのかが明確でなくなるとき、ひとはそれに「きたない」と感情的に反応する。じぶんの内部と外部、〈わたし〉と〈わたしでないもの〉との境界をあいまいにするもの、境目を不分明にするもの、それが「きたない」のだ。

〈境界〉という問題

おぞましいとか、おどろおどろしいといった感覚も、おそらく同じような構造になっている。そういう感覚が制度化されたものにタブーがある。たとえば食のタブー。ぼくらのまわりには、食べられないことはないのに食べてはいけないものがたくさんある。

たとえば哺乳類のなかでは、家畜は多くのひとがためらいなく食べるのに、犬や猫といったペットは食べられない。食べる気にもならない。他人を食べるなどというと、想像するのもおぞましいかんじがする。食べろと脅迫されても、ぜったいに食べられない。人間に似た猿も食べにくい。家畜はもちろん大丈夫だが、里にいる鹿や兎や熊なども珍重される。けれどもうんと離れた異国にいる野生動物、たとえばサイやキリンやアルマジロや、目に見えない異界にいる蛇やイモリなどといったものも、やはり抵抗がある。念を押しておくと、これらはどれも食べようとおもえば食べられるものばかりだ。けれども食べられない。さて、ここからどんな規則が読みとれるだろうか。

問題をはっきりさせるために、もう一つのタブー、性的な接触(もしくは結婚)のタブーを取り上げてみよう。多くの社会で性的な接触が許されるのは、同じ町や村にいてしかも他の家族に属しているひとたちのあいだでだ。両親や兄弟姉妹との性的な接触や結婚は禁止されている。いとこのあいだは禁止されることもあれば、禁止されないこともある。同性の性的接触も長く異端視されてきた。そして共同体の外、たとえば異国のひとや民族の異なるひとは、むかしはなかなか自由に結婚できなかった。いまではそういうタブーはずいぶん緩《ゆる》まっていて、ぼくらは「地球人」としてじぶんを意識し、もし近親相姦以外に性のタブーがあるとすれば、異種の生物、あるいは異星人、あるいは非生物との関係くらいだろう。ここでは人類が一種の共同体として意識されているのであって（もっとも、人種や民族の違いを超えてひとが「人間」という観念を手に入れるようになるにもずいぶんと時間がかかったが）、その外部、つまり異界に属する存在との性的な関係は禁止されていることにかわりはない。

とすると、食であれ性的接触であれ、それが禁止されるのは、じぶん自身およびじぶんの一部、家族の一員とでもいうべき存在を対象とするとき、それからまったくの外部、つまり異界の存在を対象とするときであることがわかる。後者の場合、おそらくはじぶんたちの生活のなかに位置づけ不可能な存在であるというのがネックになっているのだろう。そして前者の関係、家族やペットを食べたり、かれらに性的に接触するということを、だれもがとんでもないことと受けとめているのは、「きたない」

「こわい」という感情の場合と同じく、それらがじぶん（たち）の一部なのか、じぶん（たち）ではない他者なのか決定不可能な、境界線上の存在だからだろう。あいまいな存在、分類不可能な存在は、ぼくらのなかにことのほかはげしい感情を湧き起こすものなのだ。

それはたぶん、それらの存在を認めれば、意味の差異、意味の秩序というものが成り立たなくなるからだ。それは秩序の根幹にかかわる。ひとは連続的な存在のなかに〈意味〉という不連続の切れ目を入れて、差異の体系として秩序をかたちづくる。男／女、おとな／子ども、内部／外部、自己／非自己、親族／他人、正常なこと／異常なこと、食べられるもの／食べられないもの、有害なもの／無害なもの……いろんな区切りを世界のうちに設定していき、そうした意味の体系によってじぶんたちの生活に一定の安定したかたちを与えているのだ。だからそれが崩れる気配にはとても敏感である。それを防衛するために、それを少しでもあいまいにするもの、ないがしろにするもの、侵犯するものを、どんどん摘発していく。それがさまざまの禁止事項なのだ。

感情という制度

でもやっかいなのは、ぼくらにとってそういう禁止されたものが、ほんとはぼくらをもっとも深く誘惑するものでもあるということだ。崩壊の予感、それにぞっとしながら魅惑される……。というのも、もともと境界というのがぼくらの存在に人為的に挿入されたものにすぎないという思いが、どこかにあるからだ。考えてみればいい、ぼくらは子どものとき、どろどろ、にゅるにゅるが大好きだったではないか。親に「きたない！」と叱られなかったら、いつまででも泥濘《どろんこ》であきもせず遊んでいたではないか。便や尿を垂れっぱなしというのも、ほんとうに気持ちわるいことだっただろうか。そういう深層の記憶をいまだに払拭《ふっしょく》できずに引きずっていて、他人がアブノーマルだと言う「趣味」に隠れてのめり込んでいるひともいる。ひとってそうそう一筋縄ではいかない存在なのだ。

食べられるのに食べられない。性的に接触可能なのにそんな気にはならない。これは「きたない」「こわい」といった感情とともに、生理といえるほどぼくらのなかに深く根を張った感情だ。でもそれが、自然の感情ではなくて、人為的に設定されたもの、つまりは制度であることはあきらかだ。というのも、たとえばペットが食べられないのは、食べることが不可能だからではなく、食べることが禁止されているからで、その「食べてはいけない」という強迫が深く刷り込まれて、ぼくらはそれを「食べられない」と感じるようになっただけのことだからだ。それは生まれつきの生理ではなく制度なのだ。

これは、文化というものの根底にかかわる問題だ。文化とはまずは自然の加工であり、その加工している事実をあたかも自然であるかのように錯覚させること、つまり人為を「第二の自然」に変換することだということなのである。自然の加工、ぼくらにとってそれはまず身体《からだ》という、もっとも近くにある自然の加工となって現われる。もって生まれた自然の発声を秩序立った音韻体系に変換する。泣き声、うめき声を言葉に換える。身体の自然な動きをしぐさや動作に変換する。そして自然な外見を操作し変換するもっともわかりやすい事例が、着衣や化粧なのだ。

からだをこねくりまわす

ところで、身体表面の加工ということでは、いま述べたような身体の象徴的切断にとどまらず、それと同じくらい、ぼくらは身体に直接にいろんな手を加えている。実際、身体のどこをみても、何の変工も加えることなしにそのまま放置してある部位が、ほとんどないということだ。たとえば多くの女性において、髪は梳《くしけず》られ、切られ、束ねられているし、眉や目もとには線が引かれ、耳には穴が開けられ、頰はところどこ

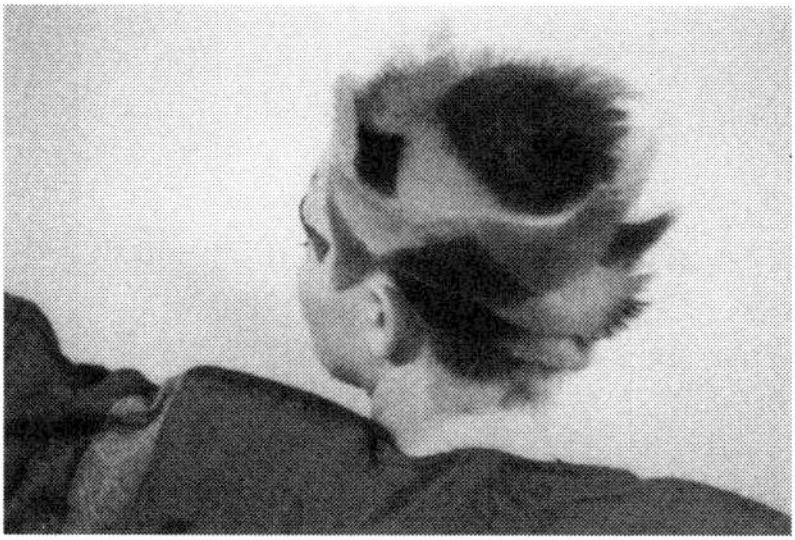

ヘア&撮影
ジャン＝フィリップ・パージュ
一九八五年

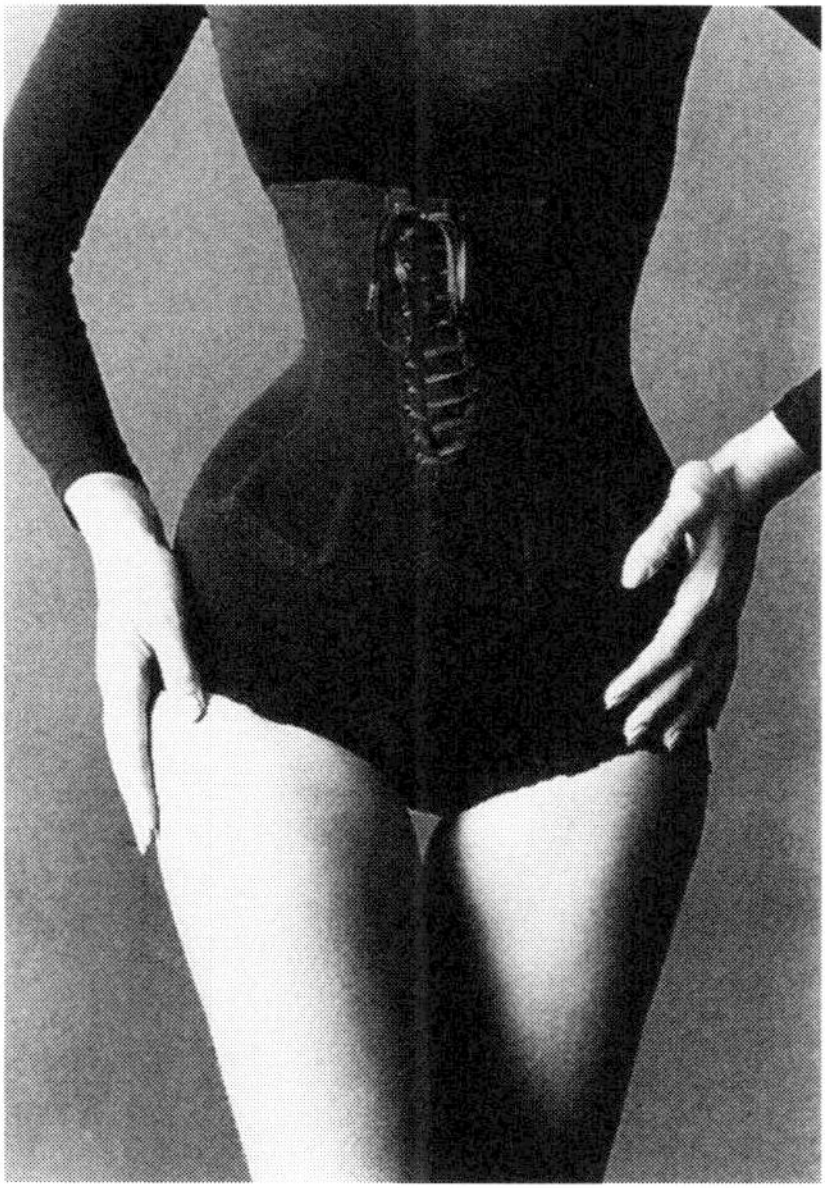

ジャン＝ルー・シーフ「ブラック・コルセット」一九六二年

ろ彩色もされている。また口紅が塗られ、イヤリングが装着される。頸《くび》のまわりには鎖が巻かれ、頸から下は布地で覆われている。指先にはマニキュアが塗られ、脚は透明なストッキングで覆われ、足先は靴のなかに入れられる。男性の場合でも身体のほとんどの部分が布地に覆われ、顔面では髭がていねいに剃り落とされている。せっかく生えているものを、まるで何かの強迫観念にでもかられているかのように、丹念に剃り、剃り残しがないかとこまめに点検する。むかしの侍は、頭にもっとラジカルな剃りを入れていた。いまどきのパンクもたじたじとなるほどだ。いわば引き算の化粧をしているのだ。ぼくらは、何の加工も変形も施《ほどこ》さない箇所が見いだせないくらい綿密に、毎日身体《からだ》の手入れをしている。ほんとにごくろうさま、と言いたくなるような凝りようだ（前頁写真参照）。

ぼくらが例外なしに夢中になっているそういう身体加工について、文化人類学者のヴァン・ジュネップはこんなふうに言っている。「人間の身体は、それぞれ自分の気に入るように削られたり、形を整えられたりする単なる一片の木のように取り扱われている。すなわち突き出ているものは切りとられ、仕切りには穴が開けられ、平らな平面はえぐりとられるといった具合である」（『通過儀礼』）

身体の加工・変形とは、もって生まれた身体を何か別のものに変換するということだ。人間の言葉一つとってもそうで、人間は生まれつきもっている発声を、わざわざ限られた数の母音の音韻体系に変換してしまうことで、言葉というものを発明する。このように自然の変形というのは文化の根本規定でもあるのだが、いまは問題をすぐに一般化しないで、もっぱら具体的にみていこう。

服飾や化粧を、人間がじぶんの身体《からだ》を加工する行為としてとらえるとすると、衣服というのはとくに複雑な変形作用をおこなう。布を使って襞《ひだ》をよせたり、ダブらせたり、張りつめたり、膨《ふく》らませたり、あるいは細くしたり、ありとあらゆる手法を動員して身体の表面をにぎやかにしていく。こうして身体の表面がざわめきだす。

このようにみてくると、ひとはなぜ化粧や衣服によってみずからを装うのかという問いは、ひとはなぜじぶんのありのままの身体に満足できないで、それにさまざまの加工や変形、演出を施すのかという問いを、その核心に含んでいることになる。ひとはなぜじぶんの身体にそのような手の込んだことをするのか？　身体のそうした加工・変形にはどのような様式があるのか？　そのような問いから服飾への問いははじまるのであり、そのような問いに答えることができなければ、服飾への問いは閉じることはないのだ。

服は機能的ではない

服飾とか化粧というと、だれもが、それは身体を保護するものだ、とか、じぶんをきれいに見せるためのものだと考える。たとえば衣服や靴なら、凍りつくような寒気や灼熱の陽射しから肌を保護するもの、足の裏をざらついた大地から護《まも》るものだというわけだ。たしかにそういう面はある。阪神・淡路大震災のような被災時には、そのことは痛感される。

けれども衣服や靴のかたちと構造を具体的にみていくと、とてもそんなにかんたんには言えないことがすぐにわかる。たとえば靴一つとってもそうだ。わかりやすいようにいちばん極端な靴、女のひとのハイヒールを例にとりあげると、ハイヒールは人間の足のかたちをまったく無視したフォルムになっている。先が尖って紡錘形《ぼうすいけい》になっているし、踵《かかと》は細い棒に押し上げられるかたちでうんと上に位置している。だから指は圧迫されるし、安定もわるい。生まれたときぼくらの足の指は放射状に開いていたはずだけれど、長いあいだ紡錘形の靴を履きつづけてきたものだから、指はくっつき、折りたたまれて、小指などは円柱ではなく三角錐になってしまっている。それに踵が高いものだから、歩きにくくてしかたがない。要するに、ハイヒールはわざと足をいじめるために、あるいは歩きにくくするために、編みだされたとしか考えようがない。けれどもその痛い靴、歩きにくい靴に、幼いころから心ひそかに憧れている女のひとも少なくない。

あるいはコルセット風の下着。かつて十九世紀のヨーロッパで大流行したコルセットは、窮屈で、息は苦しいし、血行にも悪いことは明らかなのに、女性たちはあえてそれを装着し、ウエストの細さを競った。二十世紀の衣服デザインは女性の身体《からだ》をこのコルセットから解放することからはじまったはずなのに、現在まで、コルセット風

アニエス・ボノー「フェティッシュ」
1986年

の下着がファッションとしてくりかえし回帰してきたのはなぜか。あるいは、なぜ暑い夏にでも女性はストッキングをはくのか、男性のネクタイは何のためにあるのか、ズボンにはなぜ線がつけてあるのか……。疑問は尽きない。

ブラジャーとかコルセットといった窮屈な下着がそうだし、痛い目をしないと装着できないピアスなどもそうだけれど、ぼくらの身につけているものの多くは、身体《からだ》の保護という機能的な視点からすれば不合理なものがほとんどだ。肌着にしたって、汗を吸い取るという効用はあるにしても、女性のものはなぜあんなに薄手で透けているのが多いのだろう。胸を盛り上げて美しく見せるブラジャーはなぜあんなに不格好なかたちをしているのだろう。いやそもそもなぜ女性たちはいつも乳房《ちぶさ》と性器の周辺をきまじめなまでにきちんと隠すのか。こういう問いにすぐに答えられるひとは、そんなにいないはずだ。

このように、衣服は身体を保護するものだという考え方では、服飾の問題は説明がつかない。衣服や靴は身体に合わせて作られるものではないということ、このことがポイントになる。逆説めいた言い方をすると、服飾とは、身体に合わせてモデルを作る行為なのではなく、むしろモデルに身体を合わせる行為なのではないかということなのだ。

からだを加工する

考えてみるに、どうもおそらく、身体《からだ》を意識するよりも先に、身体のモデルがあるらしい。ファッションにおいてイニシアティヴをもっているのは、身体ではなくモデルのようだ。もしじぶんの身体がモデルどおりであれば、だれも痛い目、しんどい目をして努力する必要はない。みんなモデルを想定して、それを規準にしてじぶんの身体を意識するから、じぶんの身体は規格を外れたものとして意識されることになる。そこで不在のモデルをめがけてじぶんの身体を象《かたど》り、変形しようとするわけだ。もちろん限界はある。余計な肉を急に減らせるわけはなく、身長を伸ばせるわけもない。そこで、コルセットやガードル、ハイヒールやストッキング、それにメイクアップ用具、そしてときに刺青《いれずみ》用の錐《きり》や顔料といった装置が必要になるのだ。

胸や尻の筋肉を重力とは反対方向にもち上げる、腰の部分を細く見せる、乳房《ちぶさ》を豊満に見せる、脚を長く見せる……。あるいは、絵の具で身体を塗飾する、彩色した布地を身にまとう、いろいろな小物を飾りとしてつける……。これは、身体の表面にいろいろな意味を発生させ、それをざわめかせる行為だ。そしてそういう意味の空間のなかにひとをより深く引き入れていく行為だ。

それにしても、ぼくらは何を規準にして、現にじぶんがもっているこの身体《からだ》を別のものに変えようとするのだろうか。なぜ現にあるこの身体に満足できないで、身体をもっとちがったものとして演出したり、加工したりするのか……。ぼくらの存在には、こうしかありえないという、そんな確かな根拠があるわけではないからだ、と言えば意外なかんじがするだろうか。

何を隠すのか

わかりやすい例を一つとりあげてみよう。先ほどもふれた身体を象徴的に切断する手法の一つに「隠す」というテクニックがある。衣類でもってからだの表面を一部被《おお》うというやりかただ。むかし、パリの新聞にこんな漫画が載ったことがある（次頁）。

文化が変わると、ひとが覆い隠すからだの部分がこんなにもちがう、ときには正反対にもなる、ということを示すために引かれた例だ。これ一つとっても、身体には絶対に隠しておかねばならない部分、客観的に（？）恥ずかしい部分などありえないということがわかる。

そのことをもっと劇的に示す例がある。北イタリアのとある修道院のはなしで、そこのトイレには扉も仕切りもない。かわりに入口に仮面が備えつけてあって、用をたすときはそれを顔面に装着する。顔さえ隠れていれば、排泄している姿を見られても

人間の身体には生まれつき恥ずかしい部分はない？
（B.ルドフスキー『みっともない人体』より）

いいというわけだ。じぶんがだれであるか、その点を不明にしておけば何でもできるというわけだろう。覆面をすれば、あるいはそこまでしなくてもちょっと変装すれば、ふだんできないこともできるという、そんな気分はたぶん文化祭の仮装行列などでもちらっと感じることがあるではないか。そういう、抑制の解除を恐れてか、顔を覆って戸外を歩くと犯罪になる町が英国にはあるそうだ。それにしてもなぜ、ぼくらはヒステリックなまでに身体の一部を覆うのだろうか。

強迫的に、とはいいながら、隠す部位はほんとうはどこだっていいともいえる。先にもいったように、身体にはもともと恥ずかしい部分などというものはありえない。ひとがここを秘さねばならないという解釈が、恥ずかしいという感情を生みだす。そうすると、ぼくらの社会で、性、あるいは生殖にかかわる部分が過剰に、巧妙に、そして慎重に回避されるのにも、一種「でっち上げ」の面があることになる。そして、「隠す」という行為のターゲットはもっと別のところにあるとも考えられる。どうしても見せてはならない身体部位が本来ありえないのだとすれば、「隠す」という服飾の技法が、隠されるべきものをでっち上げることによって、じつはもっとたいせつなことを隠しているということもありうるということだ。

隠すべきものは何もないことを隠す

フランスの思想家、ロラン・バルトがとても興味深い指摘をしている。かれによれば、男子高校生と、ストリップ劇場に通いつめるおとなと、推理小説ファン、それに哲学者とが、まったく同一のストーリーにとらわれているのではないのかというのだ。男子高校生の夢とは、異性の性器をどうしても一度見てみたいという願望である。ストリップ・ファンの夢もまた、異性の秘部をめがけている。サスペンスの楽しみは、最後に事件の真相が明らかになるということだ。そして哲学者の夢、それは世界の究極の真理を知ることにある。かれらは同じ物語に囚《とら》われている。いま見えているものの覆いを一つずつ剝がしていくと、いずれかならず究極の真理にたどり着くという物語だ。

物語の結末、ことの真相、最終的な真理というのは、じつをいうと、暴露されてしまえばたいして意味のないことの場合がほとんどだ。そこに真理があるというより、そこに真相が隠れていると感じさせることがポイントになる。先に真相がわかってしまえば意味がないのであって、そのことは「ヘア・ヌード」の流通によって男性たちのときめきがいかに萎《しぼ》んでしまったかを思い起こせばすぐにわかることだ。だいじなことは、もうすぐ結末にたどりつくぞ、真相がいますぐ明らかになるぞ、という気分をたえずかきたてること、真理をもうちょっとだけおあずけにしておくということ、つまり宙づりの状態（サスペンスとはもともとそういう意味だ）にしておくことだ。

ぼくらにとってこの最終的な真理とはいったいなんだろうか。生きることの根拠、つまり、じぶんがじぶんであり、他人と秩序立った関係をむすびつづけること（たとえば家族や隣人や同僚として）、そのことが、偶然のこと、つかのまのことではなくて、当然そうあるべき根拠をもっていたということを確信させてくれるようなことがらである。が、そんなものははたしてあるのだろうか。あるいは、ぼくらはそういう秩序の根拠をじぶんたちのうちに見いだすことができるのだろうか。

たぶんない。ないからこそ、ぼくらの意識を別のものに逸《そ》らせることで問題そのものを回避すべく、緻密に戦略を組んできたのではないだろうか。真に隠されるべきものを隠すために、別に、気を惹くものをでっち上げて、ひとの意識をそこに釘づけにしておくというやりかただ。それを、ファッションはもっとも巧妙に活用する。

たとえば、じぶんの身体《からだ》の秘密の部分（それも衣服が演出しつつ、つくり上げたものだった）、格別にプライヴェートな部位、人前に出せない淫らな部位、隠しておくべき部位を想像的に設定し、それに意識を釘づけにするために、そのプロセスに凝った

V・レーンドルフ／H・トリュルシュ「ストリップ・ショー」1971年

演出をする。期待を高めるために、アンダースカートを幾重にも重ねる、スカートにスリットを入れる、端（身体への「入口」のことだ）にフリルやレースをつけるなどして、衣服の誘惑力を高める。ときには直線のストライプの模様をくっきりと入れることで、服を着たままボディ・ラインを浮き彫りにする。こうして、隠しながら見せる、見せながら隠すという手法を巧妙に操りながら、ぼくらの想像力を誘導し、真に隠されねばならないことに意識が向かないようにするわけだ。いつもメッセージを不安定にしておくこと。結末を宙づりの状態にしておくことで、結末への期待を高め、長びかせること。

要するに衣服とは、「ほんとうに隠されるべきものはなにもない」ということ、秩序に最終的な根拠はないということ、そういう真に隠されるべきことを隠蔽する装置だということだ。隠蔽というテクニックのエッセンスはそこにある。ヴェラ・レーンドルフとホルガー・トリュルシュの共同作品『ヴェルーシュカ』のなかのストリップ・ティーズの写真は、そういうファッションという装置の謎を、とても明快に取りだしている（前頁）。

これはほとんど催眠術のテクニックと同じだ。振り子という対象に意識を集中させることで、それ以外の対象やまわりの気配に対して無感覚にさせる。そして意識のうちで無防備な部分を大きくし、そこに誘導情報をどんどん送り込む。すると、被験者はじぶんでも気づかないでまったく意図していない方向に移動していく。じぶんではひじょうに明確に意識しながらものごとにかかわっているとおもっていても、全体としては完全に動かされているということもある。ぼくらにとって秩序とは、ほとんどそういうふうにして意識の深部に設定されると言っていい。

仮面の秘密

先ほど北イタリアの修道院にある、扉も仕切りもないトイレのはなしをしたが、身体《からだ》を隠すのではなく、逆にふつう露出してある顔面のほうを覆うことによって、別の意味効果を発生させるやりかたもある。すぐに思いつくのはマスク、つまり覆面や仮面だ。

マスクで顔を覆うことによって、ぼくらはじぶんがだれかを隠すことができる。マスクは、じぶんを匿名化する装置、つまりじぶんの顔から〈わたし〉ということを消してしまう装置だ。服装がじぶんの属性、たとえば性別とか性格とか職業といった、ひとの具体的な属性を表現したり、演出（あるいは偽装）したりするのに対して、マスクは「だれか」ということを一挙に消去する。「だれか」が不明になるから、ふだんのじぶんならできないこともできる。行動の制限が解除されてしまうのだ。先のトイレはそういうマスクの特性を利用したものだ。

マスクをかぶればなんでもできる。いままでじぶんがこんなことをするなど思いつきもしなかったようなことまでできる。顔面をのっぺらぼうにすることで、顔面の意味作用をいちどゼロに還元する。そこにどんな意味でも書き込めるように。不可能なはずであったものも可能な選択肢の一つに戻されるために、マスクは見た目にもおぞましく感じられるのだ。先ほど、顔を何かですっぽりと覆って外出すると厳しく罰せられる英国の町のことに少しふれたが、覆われた顔がかもす不穏さの理由も、あらゆる制限の解除というところにあるのだろう。〈わたし〉をこの〈わたし〉として輪郭づけているさまざまの制限、それが解除される。マスクのあやしさは、『「いき」の構造』の哲学者、九鬼周造のことばでいえば、「私が生れたよりももつと遠いところ、そこではまだ可能が可能のままであつたところ」(『をりにふれて』)にまでひとを一挙に連れ戻すところにある。顔じゅう包帯を巻いてじぶんの妻を誘惑する男のはなし(『他人の顔』)、段ボールのなかに入って生活する男のはなし(『箱男』)など、安部公房の小説にはそういうあやしさまでふくめて、「だれ」の消去がなぜ秩序を脅かすのかを考えさせるものが多い。

衣服は、一方で、それぞれのひとが「だれ」であるかを、つまりは個人の社会的属性を構成する装置であるが、他方で、衣服のそういう構造をあばくような服、そういう衣服の《物語》の構造を暴露してしまうような服がないわけでもない。一言でいえば、スキャンダラスな服。それはたとえば、着くずし〔学生服の変形とか、わざとむさくるしい格好、いかがわしい格好をするストリート・ファッション〕とか、あるいは服の文法をあえて侵すアヴァンギャルド〔前衛〕派のファッション・デザインなどである。ちょっと挑発的なもの言いをすると、「制度と寝る服」と「制度を侵犯する服」とである。そういう服の二面性について、次に考えてみたい。

2　みっともない衣服

社会の生きた皮膚——ひとはいつ服を着はじめるか？

ひとは、いつ、服を着はじめるのだろうか。生まれてすぐではない。生まれてすぐ、ひとは布でくるまれる。でも、それはじぶんで服を着ることとはちがう。じぶんが他人の眼にどんなふうに映っているか？——そういうことを意識しだしたとき、つまり他人の視線にまで想像力がおよびだしたとき、ぼくらははじめて服を選んで着る。ファッションのはじまりだ。「思春期」とおとなたちが呼ぶころである。子供服もすごくファッショナブルになってきたなどとおとなたちは言うが、そんなことはあまり意味がない。あれは（子どもについての）おとなの意識をなぞっているだけであって、「思春期」前の子どもたちはそのための着せ替え人形でしかない。子どもたちは〈子ども〉という制服を着せられるのであって、ファッションの愉しみはこの場合、着るがわにはない。

だから、服を着るというのは、与えられた服をわざと、ちぐはぐに、だらしなく着くずすことからはじまるしかない。ぼくらの国では、変形の学生服というのがたぶん最初のファッションであるはずだ。

でも、どうして変形ということからファッションははじまるんだろう。

じぶんがどういう存在なのか、ぼくらはそれが知りたくてもすぐにはわからない。あいつとぼくはどうちがうのか、なぜあいつにはあいうことができて、ぼくにはできないのか、なぜあいつはスイスイものをくぐりぬけていくのにぼくにはそれができないのか、なぜあいつは何でもおもしろそうにやっているのにぼくには無理なのか、なぜあいつがもててぼくはだれにも声をかけられないのか。それがよくわからない。わからないままに、何かおもしろくない、気にくわない、うまくいかない……そういう気分だけははっきりある。だれのせい？　それがわからない。気にくわない相手も理由もわからないけれど、おもしろくないという気分だけははっきりしている。

そういうやりきれない気分、ちょっと大げさにいえば時代への違和、時代から掃きだされているようなやりきれない気分が、理由《わけ》がわからないまま、気分に、動作に、からだの表面に出てしまうのだ。

これを、自分のしたいこと、してほしいことがよくわからなくて駄々をこねる子どもにたとえたのは、仏文学者の多田道太郎さんである。もう七十歳を超えていらっしゃるのに、こころにいっぱい産ぶ毛の生えているひとだ。その多田さんが、若者のつっぱったファッションをさして、あれは「泣いている」のだと言っている。「若い女性が奇抜ともいえるファッションで街を歩く。あれは、泣いているのだと思う。泣くかわりに、泣くにひとしい非合理的主張をしている」というのだ。「深い闇のなかにあったものが、反訳《ほんやく》をもとめて浮かびあがるその場所」が、社会の生きた皮膚としてのファッションだというわけだ。

服を着くずす——ファッションの発端

先ほど「制度と寝る服」などという物騒ないいかたをしたけれど、たいていの服というのは個人のイメージについての社会的な規範（行動様式、性別、性格、モラルなど）を縫いつけている。その着心地がわるくて、ぼくらはそれを勝手に着くずしてゆく。どこまでやれば他人が注目してくれるか、どこまでやれば社会の側からの厳しい抵抗にあうか、などといったことをからだで確認していくのだ。が、それは抵抗のための抵抗としてなされるのではない。じぶんがだれかを確認したいという、ぎりぎりの行為、のっぴきならない行為としておこなわれるのだ。言うまでもなく、この過程はいつもそういうこととして自覚されているわけではない。ぼくらはファッションの冒険、(それがかっこよすぎるとしたら)試行錯誤をとおして、じぶんがだれか確定できないまま、じぶんの表面を、そういう社会的な意味の制度的な枠組とすり合わせつづけてきたのだ。その意味で、ファッションという、このからだの表面で起こるゲームは、社会の生きた皮膚なのであって、そこに各人がそれぞれ〈わたし〉になっていくプロセスが露出しているのだ。

こうしてわざとみすぼらしいかっこうをしたり、わざとだぶだぶの服を着たり、わざときたならしい服を着たりというふうに、ぼくらは型をくずしてしまうのだけれども、ぼくらの意識はしかしなかなか一筋縄ではいかないもので、つっぱりながらも、むきになるのはみっともないと感じ、そういう照れが、逆にますます見かけのだらしなさ、いかがわしさをじぶんで煽《あお》ったりもする。ファッションの光線はけっこう屈折しているのだ。

そういうくずしをやるととたんに「不良」なんていわれたりするけれど、ぼくらが気にくわないのは、たぶん「等身大」ということだ。つつましすぎるからでも、みみっちいからでもない。「等身大」という観念に嘘を見抜いてしまうからだ。「等身大」

と言っても、そもそもどれがじぶんのほんとうのサイズなのか、よくわからない。「等身大」というのはマジョリティが共通に考えているくらいの意味しかないような気がする。で、ぼくらは、ちょうど贈り物の中身を箱を揺さぶって確かめるように、服を着替えてじぶんのイメージを揺さぶり、じぶんがだれか確かめようとするのだ。若いときに、わざとサイズのあっていないだぶだぶの服、あるいはつんつるてんの服を好んで着るのも、じぶんがじぶんに一致していないという感覚にぴったりくるからだろう。

「非風」——ファッションの究極

ところで、先日、あるテレビ番組のために、ファッション・デザイナーの山本耀司さんを訪ねる機会があった。山本さんはヨウジヤマモトとかワイズというブランドの服を作っているひとだ。彼が作る服というのは、この社会のどんな人間類型をも思い浮かべさせない、つまりサラリーマンらしくも芸術家らしくもなく、ジャーナリストらしくも学生らしくもないし、老人らしくも若者らしくもない、いってみれば具体的なイメージがとっさにつかみにくい、というか、そのどれにもなりきることを拒むような、抽象的な服だ。そういうしかたで、山本さんはこれまで、流行の人間イメージを振りまいては季節ごとにそれを取り替えるモードという制度との共犯関係に入ることを、一貫して拒否してきた。山本さんの言葉でいえば、「いかがわしい」ぎりぎりの服を作ってきた。そしていわゆるバブル崩壊後、「モードのゲームはもういい。それよりも……」という論理が、山本さんらによる「モードの解体」を暗に支持しはじめたように見える。いっぽう、街を見ても、グランジと呼ばれるよれよれの重ね着があふれかえっている。アンチ・モードがモードの最先端となっているかのようだ。が、そういう時代に、山本さんは深く傷ついている。なんでもいいというふうなかんじで、眺めが「だるく」なっていると、静かに窓のほうに目をやる。

能の古いことばに「非風」（正しくない型）というのがあるが、ぼくの見るところ、山本耀司さんは、服のもっともベーシックな基本ともっともトリッキーな「非風」とを身体《からだ》の表面で危うく交錯させると絶品のデザイナーだ。言ってみれば、時代の制服をちゃんと知っていて、しかもそれをぎりぎりのところまで崩していくという感じの仕事を、先端でつづけてきたひとだ。

もっとも、山本さん自身は、これを崩したらもう服ではないというぎりぎりの服を作っているつもりなのに、十代のひとにはじぶんの服がオーソドックスと映り、それをさらに着くずす。そうするとじぶんの服はもう雑巾になってしまうと、かつて、じぶんの服の受け入れられ方にとまどいをもっておられた時期もあったらしい。

その山本さんの仕事ぶりを撮った映画がある（次頁写真はその一コマ）。ヴィム・ヴェンダースの『都市とモードのビデオノート』という映画だ。そのなかで、山本さんが若いスタッフに、無言で、慈しむような眼で、パタン図の描きかた、生地《きじ》の切りかたを教えるシーンを、ぼくはとっても気に入っている。実際の山本さんもそのとおりだったが、ハイライトをくゆらせながら、笑みをたやさずに、しかも噛みしめるように、じぶんに密着しすぎないように、ていねいにていねいに話されるその言葉のなかに、テレビでは放映されなかったけれど、どうしても記録しておきたい言葉がいくつかあった。

《若いときっていうのは、大人の着ているものを「崩す」「バランスを変える」「わざとだらしなくする」ことから、服を着はじめます。学生時代まではそういうふうに反抗していて、そして就職となると常識のなかに入る……。

でも、そうでしょうか。

一着の服を選ぶってことは生活を選ぶことだから、実はたいへんなことなのに、学生時代は、あれは遊びだったんですか、みたいなクエスチョン・マークがどうしてもつくんです。そうなると、子どもの遊びのために一生懸命作ってられないよという心

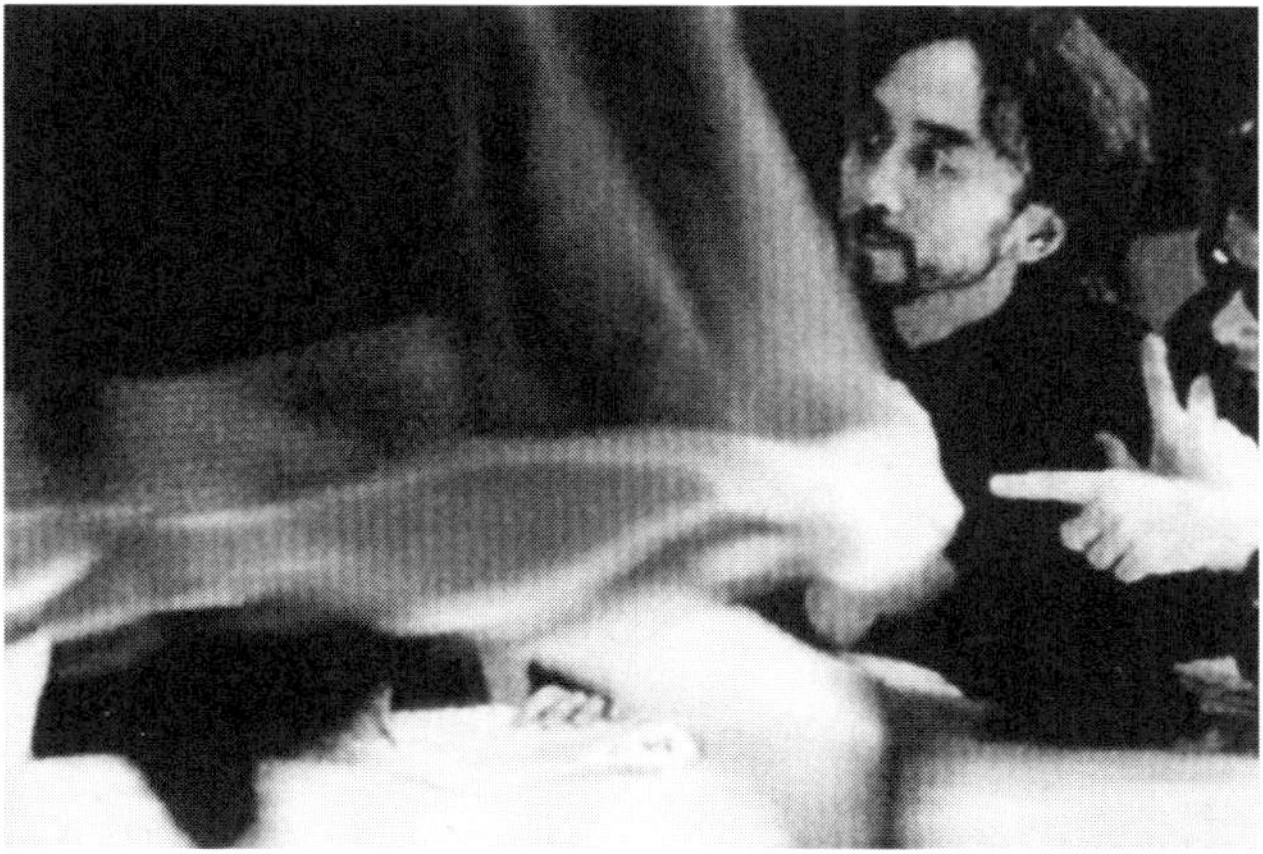

ヴィム・ヴェンダース『都市とモードのビデオノート』での山本耀司氏
（フランス映画社提供）

境になることもある。
一着の服装をするということは、社会に対する自分の意識を表現することですから、これくらいに髪切って、分けて、こういうシャツ着て、ネクタイつけて、スーツを着てってなれば、あの時代のあの選択をやめたんだな、残念ですね、と言うしかない。社会にそういう考え方があるということと、そういう考え方のなかにずっといるという、この事実が、闘う相手としてはあまりにもリアルすぎて、あるいは大きすぎて、まいったなあ、というかんじです。
ところが一方で背広は、服装に関してあまり訓練されていない人のためにはひじょうによくできた服装です。だれが着てもみっともなくならない。ですから、どうしてもプラス、マイナス両方のセリフが出てきてしまう。そんななかで、結局二十年やっても何も変えられなかったじゃないか、という思いが去りません……》
山本さんは、たぶんこれまで、顔だちでもプロポーションでもなくて、身ごなし、彼のいう「からだのさばき」というものをとくにたいせつにしながら、女たち、男たちのそのさばきを陰から支えたい、「おっ、この服は自分を待っていたな」と思わせる服を作りたい、そんな心意気で服を作ってきた。服をもっとも愛しているその山本さんが、いま、とってもやりきれない気分でいるのは、ちょっと悲しい。

時代への批評的な意識――デザイナーの仕事

さて、ファッション・デザインは一般に、かっこよくなりたい、美しく見せたいという人びとの願望に応えようとするものだろうが、いまちょっとふれたような意識の屈折をも服のなかに取り込んでいくデザインがないわけではない。屈折という言い方がネガティヴだとしたら、時代との距離感覚と言ってもいい。すぐれたデザインは、時代の気分やマジョリティの生き方への、いくぶん斜《しゃ》にかまえた批評的意識、つまりは同時代に対するジャーナリスト的な感覚を、服のなかに縫い込んでいる。ちなみに、日本のある先鋭的なデザイナーに素材を提供している生地製作者は、新しい生地を考えだすとき、いつもまず新聞をくわしく読むと言っていた。新しいテクスタイルは、時代の手ざわり〔テクスチュア〕を微細に感じとることから生まれるというわけだろう。

時代に対するクリティカルな意識だけではない。この時代のなかで服をデザインするとはどういうことか、そういうモードの自己意識もまたそこには縫い込まれている。たとえば、エレガントとかシックというのはぼくらにとってほんとうに重要なことなのか、モードはなぜ強迫観念にかられたようにシーズンごとに流行の服を更新してきたのか、性のイメージはだれが決めるのか、ぼくらはなぜいつも同じ人間でなければならないのか……そういう問いが、すぐれたデザインのなかにははっきり縫い込まれているのだ。

その意味で、ファッションの新しい地平を開くデザイナーは現在、服を着ることの意味を根源的に問いつづけるという意味で《哲学者》であることを、時代に無批判的に密着しないという意味で鋭敏な《ジャーナリスト》であることを、いきがって肩で風を切るような気の張りと、深い悦楽と、人生への底知れぬ絶望と慈《いつく》しみとをあわせ知っているという意味で憎い《ジゴロ》であることを、そして最後に、聡明な職人かつビジネス・マネージャーであることを要求されているのだろう。そういうむずかしい仕事、レヴェルの高い仕事を、山本さん（ヨウジヤマモト）にかぎらず、三宅一生さん（イッセイ・ミヤケ）や川久保玲さん（コム デ ギャルソン）といった「前衛派」のデザイナーたちはやりつづけてきた。だから山本さんの先ほどのような発言は、そうした日本の「前衛派」の仕事がなぜモードから下りるモードを指向しているのかということとかかわってくるのだけれど、そのことの意味はもうすこし先で考えることにしよう。

《制服》について考える

ここでは、時代の制服としての服と、それを崩すいかがわしい服との関係というのを、しばらく考えてみよう。

制服といえば、儀式や競技、労働や教育の場につきものだ。入園式、入学式、入社式……。春ともなると、新しいユニフォームに身を包み、心地よい緊張感とともに、新しい学校、新しい職場に入っていく。いままでのことをご破算にして、（人生、そんなにあっさりまっさらに戻れるはずもないのに）「ピカピカの一年生」って呼ばれたりもする。新調の制服、それは式典の儀礼的な身ぶりや形式的な言葉づかいとともに、式場の緊張した雰囲気を盛り上げる。葬式や起工式、結婚式などでの僧侶や神官の装《しょう》束《ぞく》、参列者の喪服や正装、それにこれは式典用ではないが、警官やガードマンや車掌など、市民の安全に関わる公的職業を表す制服や、スポーツウェアのような競技用のユニフォームなど、精神の緊張・集中が必要なとき、ぼくらは決まったように制服を着用する。

さてこれが制服の表の顔だとしたら、制服にはもう一つ、裏の顔とでもいうべきものがある。それは、制服へのいわば裏返されたまなざしであり、つまりは、規律への従順さを表わす制服が、まさにその従順さを凌辱《りようじよく》するようなまなざしを呼びよせるという側面だ。コスチューム・プレイや着せ替え、異性装、そしてセーラー服願望など、制服への執拗なフェティシズム。制服でもとくに規律性の高いものが、欲望の震えとでもいうべきものを誘いだすようだ。

さて、これだけでもう、制服というものが、外見の演出をつうじて精神に関与するもの、精神を拘束する、あるいは弄ぶものであることが、うかがえる。そしてさらに、制服をもう少し拡大解釈して、サラリーマンの背広やOLのスーツのようにほぼ同じ形、同じ色目で、かつ既定の性差のイメージ、それに特定集団ないしは特定の職種への帰属を指示する、いわゆる「らしい」服まで含めると、逆に、制服でない衣服を探すほうがむずかしくなる。

ぼくらをがんじがらめに拘束するかとおもえば、ときにひとをディープに誘惑する装置でもあり、また「じぶん」というものについてのガチガチになった固定観念を緩めてくれるかとおもえば、散らばった気持ちをぐっと引き締めてくれもする装置である制服、そのあやしい秘密はいったいどこにあるのだろう。

制服はひとの〈存在〉を〈属性〉に還元する。ぶっきらぼうに、先に結論だけ言ってしまうと、たぶんそこに鍵がある。

「ぜいたくは敵だ！」

制服というと、ふつう「不自由」の代名詞のように言われる。規律による拘束のしるし、画一性と没個性のしるしだというわけだ。じぶんがだれなのか、それをつかまえたいとおもい、服を取り替えたり変形したりして、じぶんのイメージをぶるぶる揺さぶるとき、まずは押しつけられた制服に抵抗するというかたちでそれをはじめるのも、同じ理由による。

制服のこういう面について考えるとき、いつもおもいだすのが金子光晴の「さくら」という詩だ。この詩が書かれたのは、戦時中、「ぜいたくは敵だ！」というスローガンを掲げて、婦人運動家たちが身だしなみの「自粛」運動を展開しはじめたころだ。念を押していうと、男性ではなく女性たちが、である。一九四〇年の奢侈品《しゃしひん》等製造販売制限規則（商工・農林両省令）の公布後、婦人団体を中心にした贅沢全廃運動委員会のメンバーが、奢侈品の使用まで先の法律で禁止されているわけでもないのに、進んでこれらの使用禁止を謳《うた》い、検閲と摘発の運動を街頭で展開したのだった。華美な服装の「自粛」以外にも、結婚式や葬儀に際する酒食・香典返しの簡素化や、飲酒・喫煙の節制、弁当の携帯、電気の節約（たとえばネオンの自粛）などを強く奨励した。そして「街頭に無駄を拾う日」と称し、電灯のつけっぱなしや水道の流しっぱなしを摘発しに街に出たのだった。

ちなみに、このキャンペーンのなかで「廃止すべき服装」として挙げられたのは、原色を三色以上使用したもの、極端に大柄なもの、真夏のショール、羽織、手袋、高価で華美な帯留め、ブローチ、ハンドバッグ、髪飾り、きわだってかかとの高いハイヒール、ゴールドの装身具であり、さらに「禁ずべき化粧」として挙げられたのは、アイシャドー、マニキュア、パーマネント、口紅、めだつ頬紅であった。

いまどきの生徒手帳には、どのていど細かく服装規定が書いてあるのだろうか。座ったときにスカートの裾が十センチ以上床についていること、などといったアブナイ注意はまさかないとおもうけれど。それなら、先生用にも、プライヴェートな時間に着るべきジャージーのゆるゆる服は公共の場（教室のこと）には不適切であり無礼であること、同じ理由でかかとのないゴム・サンダル――かつて「モード履き」と呼ばれた！――は厳禁（そんな緊張感のない姿のひとが目の前にいると、気分がだらけて「学業」に身が入らない）、といった事項も入れておくべきだ。ぼくの友人は日曜日に、父親参観日だということで、めったに着ない背広を着て、ネクタイ締めて小学校の教室に行ったら、担任の先生がジャージー姿で授業をやっているので、カーッとなって、それはないだろうと詰問《きつもん》したのだそうだ。むかしの先生はきちんと背広を着ていた。チョークで汚れるというひとは、上に白衣を羽織っていた。

はなしがちょっとそれてしまったが、その後運動家たちは婦人挺身隊《ていしんたい》なるものを編成し、贅沢排除のための監視運動をエスカレートさせていった。そして、「華美な服装はつつしみましょう。指輪はこの際全廃しましょう（東京市各種婦人団体）」と書かれた警告票を街ゆく女性たちに配ることになる。パーマネントをかけ、ルージュを引き、派手なショールを羽織った女性が通りかかろうものなら、引きとめて激しく糾弾《きゅうだん》する。「自発的」になされる摘発運動によくみられることだが、嗜虐《しぎゃく》の快楽を密かに混入させた暴力が、路上で、それこそもっともアンファッショナブルな人たちによってどれほどヒステリックに行使されたかを想像するのは、そんなにむずかしいことではないだろう。

「きたないもんぺをはくなかれ」

そのようなときだ、金子光晴が「さくら」を詠《よ》んだのは。雨に打たれ、道端で泥にまみれた桜の花びらのように幸薄い女たちが、戦争が始まったとたん「軍神の母、銃後の妻」としておだてられ、「さくらは、みくにのひとごころ」などと体《てい》よくもち上げられる。そういう時代に金子光晴は、「水仕業、ぬひ針、世帯やつれて、／あるひは親たちのために身うりして、／あるひは愛するがゆゑに却《しりぞ》いて、／あきらめに生きる心根のいぢらしさ」に思いをはせ、「ふまれたさくら。／泥になつたさくら。」でしかない女たちに向かって、次のように歌ったのだった。

さくらよ。
だまされるな。

あすのたくはへなしといふ
さくらよ。忘れても、
世の俗説にのせられて
烈女節婦となるなかれ。

ちり際《ぎわ》よしとおだてられて、
女のほこり、女のよろこびを、
かなぐりすてることなかれ、

バケツやはしごをもつなかれ。
きたないもんぺをはくなかれ。

はじめはぼくらを真綿のようにふんわりと包み、酸欠状態をへて、ついにはぼくらを窒息死させてしまう、「自粛」という名の自己検閲と相互監視のシステム。ちょっと前だと、昭和天皇が病床にあったときの全国一斉の「自粛」(歌舞音曲の自粛といいつつ、同時に「下血」などといったあまりに即物的なことばで病状が報道されていた)、そしてつい先ごろは湾岸戦争時の海外旅行の「自粛」というふうに、「日本」という国では、ひとは、ことあるごとに、この被虐的なメンタリティに進んで埋没してゆくものらしい。そしていったんそちらに流れだすと、すぐさま攻撃に転じ、あたりにきびしく目を光らせて、それに従順でない者を詰問し、告発しはじめるのは、いま「ぜいたくは敵だ!」キャンペーンで確認したとおりだ。
けれども、ぼくらはけっして「身分相応」の、飼い馴らしやすい存在になってはいけない。ほどほどのサイズ、人あたりのよいイメージのなかにすっぽり自分をはめこみ、そこで安眠を決めこんではいけない。つつましくおさまりきった〈わたし〉をたえずぐらつかせ、突き崩すこと。そう、じぶんの存在がちぐはぐであるという負の事実を、ぼくらの特権へと裏返さなければ……。ちぐはぐであるということは、じぶんの存在ががちがちにまとまっていなくて、むしろじぶんのなかにじぶんをゆるめたり、組み換えたりする「あそび」の空間があるということなのだから。そして、かつて九鬼周造が『をりにふれて』という瀟洒《しょうしゃ》な随筆集のなかで書いていたように、できあった「わたし」ではなく、「私が生れたよりももつと遠いところ、そこではまだ可能が可能のままであつたところ」までいつでも一挙に引き返せる準備をすることだ。

そのためには、その存在の表面に張りをもたせておかねばならない。いつもじぶんの表面に最大限の張力を保っておくこと、これがファッションの原則だ。優等生に、模範青年に、ならなければいけないというプレッシャーをふとじぶんのなかに感じたとき、言いかえると、何をあせっているのかじぶんでもわからないまま、まとまろう、まとまろうとしはじめるときに、そういうじぶんを底の底から廃棄する用意ができていること。いつも一からそっくりやりなおす準備をすること。「等身大」あるいは「身分相応」という観念を遠ざけること。だれが言いだしたのかわからないような観念にがちがちにならないで、肩から力をぬいて、じぶんというものをいつも組み換え可能に、フレクシブルにしておくこと。まちがっても「きたないもんぺをはくなかれ」。これが金子光晴がぼくらに送りとどけてくれたメッセージだ。

自由の制服

その意味で「抵抗は正しい」。が、これは、制服というものの一方の面にすぎない。制服には、かつて「自由」の象徴として編みだされたという、逆の面もあるのだ。歴史的にみれば、一七八九年のフランス革命に先だつこと十年ほど前、そのころにはじまった服装の民主化・平等化の流れだ。旧制度（アンシャン・レジーム）という、フランスの極度に階級化された社会において、貴族階級の衣服はいわば権威と威信の記号であって、服飾には細部にいたるまで記号としての厳密な規定があった。迫りつつある新制度への移行、つまりは「大革命」への胎動のなかで、かれらは必死でその地位を保持しようとしていた。

「貴族階級にとっては、いくつかの保護主義的措置以上に、豪奢《ごうしゃ》な生活を独占することによって社会階級の差異を目に見えるように維持することの方が当面の急務だった……仕立て、素材、染色などを規制して、彼らは自己の権力の服装面での標識（錦織、飾り紐《ひも》、裏地、毛皮、羽根飾り、レース、貴金属、高価な染料など）を確保し、このようにしてその権力の正当性を誇示し、一層の輝きを与えたのである」（フィリップ・ペロー『衣服のアルケオロジー』大矢タカヤス訳）

こういう華美な服装に対して、新興ブルジョワジーは、「品位」という控えめの価値を対置し、「慎み、努力、正確、真面目、節度、自制」などを可視化するような衣装を身にまとうようになる。「貴族階級の無為と奢侈《しゃし》の目印であった布地・服飾品のきらびやかな多色」に対抗する単色・無彩色の服である。これは、西洋の服飾史のなかではじめて組織的に追求されたドレスダウン（着飾らない服）の思想だったといってもいいだろう。シックと単純さの美学である。ちなみに、ドレスダウンの波は一九六〇年代にもう一度ファッション史を襲う。ヒッピー・ムーヴメントの発生であり、これ以後、ドレスダウン（着くずす服、みすぼらしい服）のファッションが、つねに定番の一つとしてモード・シーンに書き込まれることになる。

こうしてフランス革命とともに、「市民の制服」としての地味な服が男性たちのあいだに定着してゆく。そして、フロック・コートという、黒や茶や灰のダブルの打合せがしだいに男性モードの基本として浸透してゆくのと並行して、一八二〇年ころにはラウンジ・スーツという、今日の背広の原型となる服も出現している。

もっとも、「市民の衣服」といっても、これはあくまで男性市民のモードであって、こういう質素の美学の裏には、〈代理消費〉といわれるような欲望と奢侈の形態が潜んでいた。フィリップ・ペローはこの間の事情を次のように描く。「富の記号、あるいは装飾的価値として、女性は結局のところ大革命が男性の服装から追放したレースや宝石に取って代わったのである。したがって、断絶というほどの断絶もなしに貴族の伝統を受け継いだ女性はこれ以後、過剰と無駄を求める浪費家の役割を単独で、だが二人分も果たすことになる」、と。

不自由の制服

「自由」のしるしとしての市民の制服、それは、すべての市民が、出身階級やそれにまつわるさまざまの差別やハンデを解除して、同じスタートラインに立つという、そのような市民社会の理念のヴィジュアルな表明であった。装飾とそれによって発動する記号としての作用を服装から可能なかぎり解除しようとした市民の制服だ。そのことがいまではほとんど忘れられている。

ところが、そういう制服、現代ならさしずめ背広や学生服などだろうが、それが、個性と自由と自立性の喪失のしるしへと反転してしまい、こころまでくすませるドブネズミ色の服などと蔑《さげす》まれるようになる。現代では、差異の解消が、個人にとってマイナスの効果をもつようになったのだ。画一性・没個性というマイナス価値である。言いかえると、階級や職業、出身地などの差異をかき消して、個人がじぶんを個として意識できるよう促した衣服の一様化が、こんどはそうした個人の特異性・独自性を曖昧にし、平板化するものとして、あるいは個人を包囲してある「公認」のイメージのなかに閉じ込めるものとして、受けとめられるようになった。つまり個人の画一化（ユニフォーム化）である。制服の意味は、こうしてネガティヴなものへと反転した。そして学校でも職場でも、「不自由」のしるしとしての制服の強制への抗議が長らく続けられることになる。

隠れ家としての制服

制服は、だれもがはやく脱ぎたいとおもっている。夕方になるとはやく終業時間にならないかなとおもい、最上学年になるとはやく卒業したいなとおもう。が、制服には意外に心地いい面があることも、ひそかに体験してもいる。

この本のはじめのところで書いたように、ぼくらにとってじぶんの全身はじかには見えない。つまり、じぶんの全身はイメージとして想像するしかないものなので、とても心もとない。そんななかで、ぼくらはもらった贈り物の箱をがらがら揺さぶって中身を推測するように、じぶんの外見をさまざまに加工することで、そのイメージを揺さぶり、じぶんがだれか、じぶんには何ができ、何ができないかを、身をもっておぼえてゆくのであった。そういうときに、一義的な社会的意味と行動の規範が明示された制服は、社会のなかの個人としてのじぶんに確定したイメージを与えてくれる。服が自由すぎて、選択の幅がすこぶる大きくなると、じぶんを確定する枠組がゆるくなりすぎて、かえって落ちつかない。制服のほうが選択に迷わなくてかえって楽なのだ。おとなになって、じぶんはこのブランド、この会社の服というふうに決めてしまうと、毎シーズン、買い物が楽なのと同じだ（もちろん、自由な服だと、毎日どんな服を着ていくか、それを決めるためにいろいろなことを考えるので、ファッション感覚はきたえられる。この点、制服だと、服装についての訓練がおざなりになって、卒業してから苦労する）。

そうすると、イメージさえよければ、制服のほうがいいという気持ちになるのも当然だ。実際、かわいい制服にあこがれる少女がいっぱいいるし、制服がすてきだからという理由で受験生が殺到する高校もあるくらいだ。ちょっとうがった見方をすると、これには、単純に「あの服かわいい」といった気分だけでなく、おとなの〈女〉になることの拒絶という、入り組んだ感情もはたらいているのかもしれない。あるいは、他の高校との微妙な差異を楽しむ遊びの感覚も作用しているかもしれない。

他方ではもちろん、学校から配布された制服を、おとながじぶんたちをかれらの規範のなかに強引に収容するための囚人服のように感じて、それを見えない細部で徹底的にくずすというきつい抵抗もある。従順であることの拒絶であり、おとなの顰蹙《ひんしゅく》を買うことにこそみずからのアイデンティティを懸ける「不良」や「族」の精神は、多かれ少なかれ、だれのうちでも蠢《うごめ》きだしているものだ。

が、ここでは、従順か反抗かといった杓子定規《しゃくしじょうぎ》な見方ではなく、もう少し別の角度から制服へのもつれた思いについて考えてみよう。

ぼくらには日によって、じぶんをぐっと押し出したいときもあれば、できるだけめだたないようにじぶんを隠し、他人の視線を避けていたいときだってある。一日のなかでも、じぶんをぐっと引き締めたいときもあれば、だらんと緩んだままでいたいときだってある。そのとき、じぶんがそのなかに隠れる服として、制服というのはとても心地いいものだ。じぶんが「だれ」であるかを隠して、匿名の人間類型のなかに埋没してしまうというやりかただ。

とりわけ、八〇年代にDCブランドが流行したときのように、だれもがじぶんと他人との微妙なテイストの差異をことこまかに表現したがった時代、JRや私鉄の車両に吊り下げられたファッション雑誌の広告のけたたましい言葉づかいをまねしていえば、「個性的でなければならない」、「じぶんらしくなければならない」という強迫観念に多くのひとが憑かれていた時代をへて、人びとはいま、どうもそういう強迫観念に疲れだしているようにみえる。「ここではない別の場所にいれば、じぶんはこんなではなかったはずだ、じぶんにはもっと別の可能性があったはずだ」といった思い、それに駆られて、あるいはそういう物語に拉致されて、人びとがそれぞれの「〈わたし〉探しゲーム」にぐいぐいのめり込んでいったのが、八〇年代のカルチャーであり、ファッション狂騒曲であった。じぶんはまだおのれの素質、おのれの秘められた可能性を十分に展開しきっていない、じぶんはまだ本来の場所にたどり着いていない、じぶんにはまだじぶんの知らないじぶんがある、その真のじぶんに出会わねばならない……といった強迫的な物語のことである。ぼくらの時代の「青い鳥」幻想だ。そしてそれにもうあきてしまった、疲れてしまったというのが、どうもいまの時代の雰囲気のようになっている。

《同一性》という枠

ぼくが数年前に見たヴィム・ヴェンダース監督の映画『都市とモードのビデオノート』は、まるでそういう現代人を揶揄《やゆ》するかのように、こんなナレーションとともにはじまった。

きみは、どこに住もうと、どんな仕事をし何を話そうと、何を食べ、何を着ようと、どんなイメージを見ようと、どう生きようと、どんなきみもきみだ。独自性《アイデンティティ》――人間の、物の、場所の、独自性。身ぶるいする、いやな言葉だ、安らぎや満足の響きが隠れている〝独自性〟。じぶんの場、じぶんの価値を問い、じぶんがだれか、〝独自性〟を問う。じぶんたちのイメージをつくり、それにじぶんたちを似せる。それが〝独自性〟か？　つくったイメージとじぶんたちとの一致が？

ここでヴェンダースは、「もっとじぶんらしくなりたい」という願望（個性化信仰？）からこそ脱落したがっている。ぼくらは、「わたし」という意識でじぶんの存在をきちっと囲うのではなく、他人の前でもっともっと無防備になっていいのではないか。身体《からだ》のすみずみにまで「わたし」という意識を浸透させておく必要などないのではないか。いやそもそもぼくらはなぜ個性的にならねばならないのか。あるいは、ぼくらにはひょっとして、だれのことでもないからこそ、だれについてもより深く語れるようなことがらがあるのではないか……。そう言いたげにみえた。

ぼくらがいま無意識に選択し、着用しているものに含まれている意味というものを考えるとき、ぼくはついこのヴェンダースの言葉をおもいだす。じぶんの固有性にこだわるというより、むしろじぶんを適度にゆるめておくことのできる服。そういう服をぼくらは制服というものにひそかに求めだしているのかもしれない。制服を着ると、ひとの存在がその（社会的な）《属性》に還元されてしまう。そうすることで、ひとは「だれ」として現われなくてもすむ。人格としての固有性をゆるめることのできる服とは、そのなかに隠れることができる服である。そう考えると、現在の制服も、人びとによって、人格の拘束とか画一化などといった視点からではなく、むしろ制服こそが〝自然体〟という感覚で受けとめられだしているのかもしれない。これは注目しておいていいことだ。

ちぐはぐな服

ぼくらは制服を着ることでも、いかがわしい存在になることができる。制服のなかに隠れることができるからだ。これまでみてきたことからもあきらかなように、制服はぼくらを閉じ込める、とは単純にいえない。制服という拘束服に反発する気分はよくわかる。けれども、ひとがふつうに着ている服が、おかあさんらしい服であったり、サラリーマンらしい服であったり、老人らしい服であったりするのをみていると、ぼくにはどんな服も制服であるようにみえてくる。だいいち、変形の学生服にしたって、一目でわかるくらい明確な特徴があるのだから、それも抵抗の制服だといえるのだ。こうして制服とその変形という問題一つとっても、けっこうこみいった問題があることがわかる。

同じように、個人を匿名の《属性》へと還元するという意味で、制服は一種の「疎外」のマークでもあるが、同時にそのようにして個人を、つねに同じ存在でいなければならないという《同一性》の枠から外してくれるという意味で、ひとをつかのま解放してくれる（あるいは緩めてくれる）装置でもあるのだ。

それに、さらにいまだにこんな不釣り合いも制服にはある。以前に、深夜にふとテレビをつけたときのことだ。それは深夜の二時頃から延々二時間ほど、会社ごとに女子社員の制服を見せるというヘンな番組だった。大手の企業のユニフォームを着たほんものの女子社員が公園で素人のファッション・ショーよろしく歩くというシーンを、会社ごとにひたすらくりかえすだけの番組だった。不思議な気分でじっと見ているうちに、なにか言いようもなくおかしくなって、ひとりでゲラゲラ笑いだしたのをおぼえている。何がおかしかったかというと、制服とそれを着ている女性たちの存在がとても、アンバランスな感じがしたからだ。紺とかグレーとかの地味なコスチュームと、彼女たちのボディ感覚が異様にずれたままになっているようで、サイズが合ってないわけではないのに、身体《からだ》のほうが服に収まりきれなくなってはちきれそうな感じがしたものだ。そのちぐはぐさを、いまもよくおぼえている。

ぼくらはこういうちぐはぐさがいたたまれない。それを微細に感じとって、そこから必死でじぶんを外そうとする。ファッションの冒険はそのためにある。ぶっとんだ服装、奇天烈《きてれつ》な衣装を、恐れもせずに身にまとえるのは、この《いたたまれなさ》の感覚のほうが強烈だからだろう。では、ツッパリの衣装、ぶっとんだ衣装、みすぼらしい衣装……こういうストリート・ファッションに表われている《いたたまれなさ》の感覚とはどういうものか。それを次に具体的にみてみたい。

3　ふつりあいな存在

だぶだぶの服

どんな服にも制服という面があると同時に、どんな服の着方にも、服の文法を外す、ずらすという面がある。服を着るっていうのは、その意味で、個人としてのぼくらの存在を枠どっている社会的な規範とのすり合わせであり、格闘のことだ。格闘？　そう、ぼくらは皮膚のうえで、みんなが共有しているさまざまの既定の観念や規範と格闘することからそれぞれの人生をはじめるのだ。ファッションは、ぼくらが服を着くずし、じぶんのイメージを揺さぶることからはじめると、先に述べたのも、そういう意味だ。そこで次に、十代のひとたちがじぶんの感覚で、じぶんで工夫して服を着くずしているその風景をいくつか取りだしてみたい。そして、ストリートでの一人ひとりの工夫が、どんな次元で、どんなふうにファッションの先端シーンに結びついてゆくのか、それをみてみよう。ファッションの発端はファッションの究極と結びついている、言いかえると、先端的なファッション・デザインというのは「ひとはなぜ服を着るのか」という原点の問いから発想されている、というのがぼくらの直観だったが、それを次に検証してみたい。

背中はナップザック、深いスリットの入ったロングのスカートに（ちょっとミス・マッチ感覚で）くるぶしあたりまで編み上げたワークブーツ、といった出で立ちの女性たちを街でよく見かける。中学生くらいから二十代後半くらいまで、いろんな世代に広がっている。腕を大きく振って歩くすがたはなかなか堂々としたものだ。リュックに頑丈な靴、これが阪神・淡路大震災のあと、危険な場所をとおって通勤するおとうさん、おかあさんたちの基本服にもなった。

ところでちょっと注意して見ると、こういう若い女性たちの服装にはもう一つ特徴がある。セーターやジャケットの長い袖だ。長い、と言っても手の甲にちょっとかぶさるどころではなく、指先が隠れるもの、指先一〇センチ、一五センチのものまである。まるで手をぶら下げて歩いているといった風情だ。そう言えば、だぶだぶのセーターで、手を振れば、きもののようにバタバタ音がしそうなほど袖口の広いもののもある。余ったそれを、いじるともなくいじったりして、なんとなくもじもじしている、もたついているというかんじだ。

その極端なものを、二年前、コム デ ギャルソンのコレクションで見た。手で支えていないとずり落ちる服、裾のほつれたスカート、上下が逆の服（シャツがスカートに、スカートが上着になっている服）、風呂敷のように上半身を腕ごと包んでしまう服などとともに、モデルさんが三〇センチはあろうかという余分な袖をふらふらさせてステージをゆっくり歩いていた。まるで、わたしにはただ佇《たたず》むことしかできません、とつぶやいているような……。

むかし、きものにそういう着方があって、指を袖のなかに引っ込め、ときには顔をその袖のあわいに隠すなどといった演出をしたものだ。きもののなかに身を隠すそのしぐさは、人前で恥じらって親の陰に入り、うしろからちらちらのぞく幼な児のしぐさに似ていなくもない。皮膚を出すことへの羞《は》じらい、繭《まゆ》にくるまれているような安心感といったものもあったのだろう。現在の長い袖は、ほんとうはもっと単純な理由、たとえば寒いから、手袋がわりになるから、ということかもしれないし、街へ出てもどこでもドアは自動だし、手の用がうんと減っているということなのかもしれない。

理由はいろいろありそうだ。

ところで、しばらく前ぼくも思いがけずその長い袖を体験した。ヨウジヤマモトの、

コム デ ギャルソン オム・プリュス
94／95年秋冬コレクションより

長い袖の服
（「アクロス」定点観測 94年12月）

一部分だけアイロンをかけすぎたかのようにわざとテカテカ光らせてある濃茶のスーツで、その鏝光《こてびか》り、着古して焼けたかんじがたまらなく、さっそく試着させてもらったのだが、一つだけ難点があった。袖が長すぎてたっぷりと余るのだ。それで店の人に、これ縮めてくれますかと頼むと、それはそのまま着てくださいと言われた。そういう服だとおっしゃるのだ（次頁参照）。

さて、それを着て外出すると、いろいろこまったことが起きた。鞄がもてない、腕を伸ばしても時計が出てこない、とっさに次の対応ができない、何をするにもまず腕まくりをする必要がある……。なんとも不便だ。ところが着なれていくうちに、ときどき、不思議にこれが心地よく思われる瞬間があった。ただし、いつものように次に何をするかを考えたり、何かにとっさに対応できるよう身構えるという姿勢を放棄すればのこと、「さあ、いくぞ」と腕をまくったり、来たるべき次の瞬間のために備える気をなくせばのことである。そういえば鞄などは、何かに備えて用意したものでいっぱいだ。スケジュールをぎっしり記入した手帳（「備忘録」と呼んだ時代もあったが、これは過去の記憶のことではなく、これからなすべきことを忘れないように、という意味だ）、住所録、会議の資料、電車のなかで読む本、弁当、胃をもたれさせないよう食事の前に呑む薬などなど。ぼくらの生活はまるで未来のためにあるとでも言わんばか

ヨウジヤマモトの鏝光《こてびか》りする服（これはぼくではありません、念のため）。

りだ。

用意をしない服？

「用意をしない服」というと変な言いかたになるが、長い袖というのはどうも、未来に備えていま何か準備をしておくという態度と相容れない服であるようだ。

未来を視野に入れて現在の行動を決定する態度というのは、近代的な社会のありかたと深く結びついている。「市民の制服」について考えたときにも少しふれたように、そもそも近代社会は、一人ひとりの個人が「だれ」であるかということを、過去の方向に、つまりその「起源」（つまり家族的・民族的出自）に求めるのではなくて、むしろかれがこれから何をなすかという「約束《プロミス》」のかたちで、未来の方向にそれを求めた。「約束」を実現するために、いまプログラムを立て、プロジェクトを組むという、いわばプロスペクティヴ（前望的）な姿勢、「前のめり」の意識のうちに、だ。「企業」というのは未来に向けて投資し、投機する行為であり、つねに未来を視野に入れた先取りの心性（進歩・前進・成長への信仰）によって支えられていると言っていい。そしてこの「前のめり」のベクトルが反転したとき、それは、他人に遅れてはならないという、息せききった意識となる。

そういう視点から「バブル時代」のあの投機と消費への熱狂を振り返ると、それらは倹約や貯蓄というその反対物と同じで、ローンを組んでなされるという意味でやはり未来をあてにしていたといえる。倹約や貯蓄が、いま消費しうるものより多くの所有を未来に期待するのに対して、投機や消費は、いま所有しているものより多くをあらかじめ消費してしまう。未来のために現在を犠牲にするか、現在のために未来を抵当に入れるか、たしかにベクトルは逆だけれど、ともに不在の未来との関係で「幸福計算」をしている点では同じだ。

流行の服を着るというのは、現在という時代の空気を着ることだ。二十世紀のはじめ、これからモードの世紀がはじまるというときに、ゲオルク・ジンメルというドイツの思想家はすでに、モードに固有の時間感覚を、「いま」を際立たせる現在優先主義だと見ぬいていた。それはつねに新奇なものを追い求める性向（ネオマニー、新しいもの好きという意味だ）として、過去を軽やかに切り捨てるが、同時にそれは、未来をあてにして「いま」を規定するような意識を拒む態度をも意味するのだった。

言いかえると、そういう時間意識のなかに、モードの刹那性、あきっぽさと、時代の共同幻想に対する批判性とが共存している。多くのファッションが「いま」を装飾する空しい「虚飾の市《いち》」（ヴァニティ・フェア）でしかないのと同時に、《新しさ》を無条件に評価するモードの論理そのものを否定するアンチ・モードとしてラディカルにじぶんを立てることがあるのも、モードの現在主義からきている。

いま街でみかける長い袖は、かってきものでそれを表現したときのような「愛らしい（＝かわいくて無能な）女の子」を演出するものとはみえない。長い袖はむしろ、アヴァンギャルドだの、アンチ・モードだのと気張るまでもなく、気張ること、腕まくりすることの大好きな「前のめり」の生きかたから解除された生活スタイルを、モードとして思いがけず身体の表面に露出しているのではないだろうか。

裏返しの服

最近の若いひとたちのファッションをみていて、もう一つ気を惹かれることがある。よれよれのブラウスやTシャツを裏返しに着るファッション、グランジ〔薄汚れた〕とかシャビイ〔みすぼらしい〕と呼ばれるファッションだ。三、四十代の女性のエレガントな着こなしも、近くに寄ってみれば裏返しになっていて、あっ、と驚くことがある。正確にいえば、裏返しに着ているというより、むしろ縫《ぬ》い代《しろ》を外に出して、裏向きになっているようにみせるデザインの服だ。この種の服、端がほつれていたり、粗雑な縫い目や裏地を露出している服と同様、年配のひとには、なぜわざわざそんなみっともないものを……と、呆れ顔で受けとめられているにちがいない。

こういう服がなぜ流行《はや》るのかについては、いろいろ解釈がありうる。若いひとは着くずすことから服を着はじめるもので、それが世の常だ、と割り切るのはかんたんだ。あるいは、先輩たちの会社訪問用のあのリクルート・ルックを見て、就職するときって一度はあんな卑屈なことしなければならないの（?）、それならいまのうちせいぜい顰蹙《ひんしゆく》ものの格好をしておこうという、微《かす》かな絶望感のしるしが、そこに出ているのかもしれない。貧しさ、みすぼらしさを着こなすというきわどいおしゃれ感覚、たと

（「アクロス」定点観測　94年8月）

えば貧相さを一つのイズムへとポジティヴに反転させたポペリスム〔貧乏主義〕を、そこに見ることも可能だろう。ファッション・ブランドの記号ゲームやメディアを流通するイメージを消費しつづけることにあきあきして、いまは逆にドレスダウンがトレンドになっているという面もたしかにあるだろう。くたびれてよれよれになった服、ほつれ、色褪《あ》せ、皺《しわ》だらけになった服の流行をみていると、ついそんなことを考える。

そんな折り、たまたま東京で松井利夫さんのオブジェ展をみる機会があった。松井さんといえば、赤土の素焼きやアルミでできた空洞や窪みだらけの多孔状のオブジェを制作しつづけてきた彫刻家だ。その松井さんが、はじめて布のオブジェと取り組んでいる。作品は四点。題名はない。紫色のベルベットのカーテンからぶら下がる一箇の袖。広げられた黒い布のあちこちからぶら下がるゴールドの袖たち。二つのベルベット・ドレスを裾のところでつなげて管《くだ》のようにした服。それに、長大なファスナーを閉じたり開いたりすることで、布地の弛《たる》んだ部分が袋になったり捲《まく》れたりする奇妙なオブジェ。地下の画廊に入ると、まるで腸壁を裂いて床に並べたような、奇妙な感覚に襲われる。

これらの作品は、内と外、裏と表をまるで布の襞《ひだ》のように捩《ねじ》り、反転させる空間実験だといっていい。内部であったはずのものが知らぬまに外部へとめくれ、表とおも

「無題」松井利夫展　1994年

っていたものが知らないあいだに裏になる。ここでは空間の構造がころころ変わるのだ。ぼくがとりわけ魅かれたのは、あのファスナーの開閉装置だ。二つの外面がひっつくことで生まれる内部という空間……。この構造は、衣服の内／外、裏／表について、いくつかのヒントを与えてくれる。

からだの外に出るための服？

それにしても、服を裏返して着るというのがどうして心地いいのだろう。そのためにはまず、ぼくらと身体《からだ》との関係、ぼくらと服との関係というのを空間的に考えてみなければならないが、これがなかなか一筋縄ではいかない。ぼくらにとって、たとえば身体の内部、内臓や骨髄というのははたして内部なのだろうか外部なのだろうか(じぶんの内臓などだれも見たことがないし、それがさらけだされるとその異様な色かたちに眼を背《そむ》ける)。皮膚と衣服のあいだのあの隙間というのはぼくの内部なのだろうか外部なのだろうか（他人に服のなかに手を入れられると、ぞくっとする）……。身体が、ぼくらの存在の一部であると同時にぼくらにとって外部的な対象でもあるように、服もまた、ぼくらの表面であると同時にその外部であるとも言える。つまり、服の表側をぼくの表面とみなせば、服と皮膚のあいだはぼくの内部になるし、逆に皮膚をぼく

コム デ ギャルソン　95年春夏コレクションより

の表面とみなせば、ふつう服の裏側とされているところ、皮膚との接触部分はぼくの外部となってしまう。

そこで裏返しの服なのだが、それを裏返しと考えないで、身体《からだ》が服の外側に出ていると考えたらどうだろう。つまり、裏返された服の内側に身体があるということは、内向きになった服の外面のその外側に身体が位置するというのと、同じことだからだ。

そもそも裏返しをファッション・デザインとしてやってのけたのは、数年前のコムデ　ギャルソン（川久保玲）やJ・P・ゴルチエだったとおもうが、すぐにこれはストリート・ファッションに受け入れられていった。95年春夏コレクションでもコムデ　ギャルソンは、背広を一着、まるでエプロンのように身体の前にぶら下げた奇抜な服をつくった。考えてみればこれも、裏返しの服と同じで、服の外に身体を置くファッションだと言えるのではないか。からだの外に出るためのファッションである（前頁）。

それにしても、なぜそんな手の込んだ服作りをするのだろう。いろいろ考えてみたんだけれど、結局、ぼくらが身体の内部に着ている服を脱ぐためだ、とはいえないか。じぶんの身体のなかに縫い込まれた制服、つまり標準という服、常識という服……、その服の外部に出るために、服を裏返しにしているのだ、と。

（上・左）安藤忠雄「住吉の長屋（東邸）」一九七六年

ここでもう少し連想をかきたてれば、建築家の安藤忠雄さんがよく用いる打ちっぱなしのコンクリートの壁面も、裏返された壁といえるかもしれない。安藤さんの仕事の原型ともいうべき「住吉の長屋」（大阪市）（前頁）は、木造の長屋のあいだにポコッとはめ込まれた間口二間奥行八間の直方体の箱のような住宅だ。壁は全面打ちっぱなしのコンクリート。建物の外壁を室内へとそのまま巻き込んで、内部の壁と外部の壁が連続になっている。つまり、この家では外部にいても内部にいても、ぼくらの身体は同じ壁の肌理《きめ》〔テクスチュア〕に触れることになるのだ。この生《き》なりの素材は、どろどろした「私的生活」と強い対比をなしながら、しかもまるで波打つ絨毯のような柔らかさをもっていて、それが、あの黒ずみ、痩せ、ささくれだった木の表皮や、茶室の土壁の肌理に近い感触をもって、時を、記憶を刻み込む。

ぼくらがこれまで私邸に求めてきたいじましいまでに防御《ぼうぎょ》的なプライヴェート空間は、安藤さんの設計する住宅ではあっさり否定されている。裏返しの服のように、住人はここで、室内にいながら身を建造物の外部に置くしかないからだ。そして建物の外部よりももっとテンションの高い外部空間に、屋内で出会うことになる。部屋と部屋が屋根のない通路で結ばれているので、雨の日は隣室に移動するにも傘をささねばならない。晴れた日には、矩形《くけい》に切り取られた空がまるでルネ・マグリットの描くブ

三宅一生　ニットの一枚の布　1977年（撮影＝横須賀功光）

ルーのキャンバスのように見え、その下で陽の光を浴びながら食事をすることができる。壁のすきまからも外気が内部へ流れ込む。中庭が風や雨や光を住宅の奥深くまで引き込むのだ。そのなかに射し込む陽の光の縞や、そこに淀《よど》む日溜まりがとても美しい。

〈性〉の外にでる服

ついでにいえば、コム デ ギャルソンの服は、からだの外だけでなく、〈性〉の外にも出ようとする。制度化されているといっていいほど意識の奥深くにまで刷り込まれた性差の観念の外に出る、そういう作業では、三宅一生《みやけいっせい》さんという先輩がいる。彼は、いわゆる女らしさの見なれたイメージを底の底からくつがえすような服を作りつづけてきた。聞き分けのいい服、行儀のいい服ほどイッセイ・ミヤケの服になじまないものはない。「常識」を壊す服という意味で、三宅さんはふつうなら不可能な衣服の未知のイメージを意欲的に伐《き》り開いてきた。川久保玲さんの服というのは、その点ではもっと屈折している（一〇四頁の〝二十世紀末のダンディー〟のブラウスに注目！）。

ところで、その話に入る前にちょっとふれておきたいのだが、性差ということを考えるときに、前々からとても不思議におもっていることがある。異性が身につけてい

三宅一生　バウンシング・ドレス　93年春夏パリ・コレクションより
撮影＝ Michel Quenneville

20世紀末のダンディー、マイケル・クラーク
（撮影＝ロード・スノードン）ブラウスはコム デ ギャルソン

るものへのフェティシズム、窃視症《せっししょう》（のぞき見趣味）、露出症、屍姦願望などのいわゆる「変性」（むかしは「変態性欲」と呼ばれていた――「変態」とは言うまでもなく、ＨＥ

NTAI、つまり「エッチ」の語源である）がどうして男性ばかりにみられるのか。あるいは、これは『性の署名』の著者、ジョン・マネーとパトリシア・タッカーが指摘していることなのだが、真性の同性愛者、異性装者、変性者における男性と女性の比率はおよそ三対一、ないしは四対一だといわれる。こういう変則的な分布はどうして現われるのか、ということだ。逆に、ダイエット症候群とか拒食症・過食症のように、女性にばかり現われて男性にはほとんど現われない現象もある。

　ぼくはこれについてじゅうぶんに考えつくしていないのだけれど、いまとりあえずこうはみられないかという考えはある。それは、ぼくらの身体はその可視性の点でいうとても情報の乏しいものであり、したがって想像的なものに媒介されて、つまり〈像《イメージ》〉として、はじめて経験できるという、ぼくがこの本の出発点にした議論の延長線上にあるものだ。このような〈像〉としての身体は、男性と女性とで所有のしかたがどうも異なるらしい。女性の場合、いったん獲得された〈像〉はくりかえし触知される身体現象と照らし合わせることを強いられる。思春期における身体の形状の劇的な変化、体内からの不意の出血とそれに対応する身体のさまざまの周期的な変化、妊娠と出産、更年期障害と閉経……。女性はこのように、じぶんの身体の深いところでまるで潮の満ち引きのようにうねりつつ起こる状態の変化を、あるいは身体の内部からじぶんを襲ってくる得体の知れないさまざまの出来事を、たえず受け容れ、なだめすかしつつ、みずからの身体イメージのうちに組み込んでいかねばならない。おそらく女性にとってからだとは、まずは見えないところで蠢《うごめ》き、うねり、震え、脈打っているもの、いつも影のようにまとわりついて離れないもの、たえず変化するその波長に合わせていくしかないものであるようだ。

これに比べると、男性の身体はなんとも抽象的である。たしかに思春期とよばれる時期に、髭や体毛が生えてきたり、声が変わったり、ペニスが大きくなったりしはするけれど、全体としての身体の形状はそれほど劇的に変わるわけではない。だから、一度獲得された身体イメージは固着し、融通性を欠いた観念的なものとなる。だから、じぶんのなれ親しんだ身体イメージを傷つけるもの、その変更を強いてくるものに直面したとき、まるでじぶんの存在そのものが侵され、揺さぶられているかのように感じて、はげしいショックを受ける。たわむれに異性の服装をして、人格が壊れてしまいそうなほど深刻な動揺に引き込まれてしまうのも男性だ。これも性の自己了解というものが、服装に典型的なかたちで現われているような時代の性の観念に深く侵食されているからだ。

ぼくらの時代ほど、服装における性差が極端な時代は少ない。下半身の被《おお》い一つとっても男性はズボン、女性はスカートと厳格に分類されているが、しかも女性はズボンをはくことも許されており、つまりは女性の身につけているものの大半は男性が身につけることが禁じられているが、男性の着ているもので女性が着てはいけないものはほとんどないという、はなはだしいアンバランスが両性間にはある。そしてさらにその背後にあるのが、男性は見るひと、女性は見られるひとという、視線の政治とでもいうべき役割分担だ。男性の服装は許容範囲がきわめて限定されているし、しかも女性のように見られなれていないので、女装をするとたちまちみずからの性的アイデンティティが危機にさらされることになるわけだ。これに対して女性のほうは、服装に制約が少ないし、化粧などによる自己擬装になれているので、異性装によって危機的な状況に陥るということはほとんどない（カール・ラガーフェルトというシャネルのデザイナーが最近、男性用のブリーフを女性の見せる下着ファッションとして提案し、話題になったが、だからといって女性の性的自己了解はびくともしなかった）が、身繕《みづくろ》いする際につねにあらかじめ異性からの視線をじぶんの視線のなかに取り込んでおかねばならないという不自由さがある。つまりいつも「品定め」する視線にさらされているわけで、だから少なからぬ女性が、じぶんを目立たせる服ではなく、じぶんがそのなかに隠れることのできる服を着たいとおもうということもあるのだろう。

ずばり「ボディ・コンシャスネス」（からだの意識）という表題をもつ著作を書いた心理学者のセイモア・フィッシャーは、「一般に、ふつうの女性はふつうの男性よりも身体についての安定感が強い」としているが、ここで彼が「安定感が強い」ということばで言おうとしているのは、身体の輪郭ないしはじぶんの内／外の境界がだれも見まちがいようのないようなしかたで確定しているという意味ではなく、むしろ逆に、それがフレクシブルな幅をもっているという意味であり、したがってじぶんの外見の変化に対してもそれだけ順応性と許容度が高いということなのだ。そしてまた、そういう身体との距離のとりかた自体が、長い歴史のなかで制度的にそれぞれの性に固着してきたということでもある。

ぼくらの性の自己了解のなかに深く浸透し、じぶんというものの身体イメージを実際にかたちづくってきたさまざまの解釈や規範はしかし、いま、どうもぼくらの存在とぎくしゃくしだしているようだ。ぼくらの身体から乾いたかさぶたのように剝がれはじめ、もはやサイズの合わなくなった制服のように感じられるようになっているかのようにすらみえる。

ぼくらとぼくらの身体とのあいだに発生しはじめているそういう距離のゆるみとは、具体的には、身体意識という、ぼくらがじぶんの身体に対してとる距離の変容であり、つまりは、身体意識からみたジェンダー・アイデンティティ〔性自認〕の基層における変化である。それは、女性たちの身体意識が身体にそれほど密着したり埋没したりしなくなってきた、じぶんの身体を取り替え可能な部品のように意識する乾いた身体感覚が出てきたということだ。あるいは、じぶんの身体との関係がよりうっすらとしてきた、よりゆるやかになってきたと、言いかえてもいい。先ほどの議論の延長上で考えると、それは女性が異性に見られる存在としてではなくて、見る存在としてもじぶんを意識しはじめたからということになるのだろうか。いまセルフヌードを撮る女性のカメラマンが増えているのも、そこらあたりに理由があるのかもしれない。ともあれ、そこに伐《き》り開かれた距離が、じぶんの身体をデザインの対象として受けとめるような感受性を呼び込む。ジムに通ったり、テニスやスキューバ・ダイビングをしたりして、一種のゲーム感覚で身体をデザインし、加工する。そういえば、栄養飲料の広告に「ボディ・モード」ということばが用いられたこともある。

みずからの性へのそういう醒めた意識のなかで、〈像《イメージ》〉としてのじぶんの身体をもっと揺さぶって、これまで経験したこともないような感覚世界にじぶんの存在そのものを挿入するために、化粧や脱毛、装飾や（下着などによる）身体の整形など、さかんに身体の表面を加工・変形し、そのことで身体感覚の動揺を喚起し、増幅するような装置や技法が、身体の表面にますます微細に導入されるようになる。リボンやフリル、プリーツやギャザーなど身体の輪郭をひらひらと揺らめかせたり、透ける薄い生地《きじ》を重ね着して、身体の表面をダブらせたりする衣服の《夢幻劇》がますますきめ細やかになる。

そしてそれに引きずられるようにして、男性たちも同じ愉《たの》しみに参入してくる。男性が透きとおったブラウスを着たり、ときにはスカートをはきさえする（ぼくの大学のゼミにもスカートを愛用している男子がいて、他人のけっこうきつい視線が心地いいと言っている）。あるいは、シャンプーにトリートメントにデオドラントにスクラブ……いまどきの男子高校生は、修学旅行用の鞄にどれだけの〝化粧品〟をつめていくのだろうか。

川久保玲の服にうろたえる

さてそこで、コム デ ギャルソンの〈性〉の外部にでる服なのだが、ギャルソンは一九九五年、とても興味深いレディースのコレクションをおこなった。ちょっと気分を込めて翻訳すると、《フェミニティの消失が木漏《こも》れ日のようにちらつくなかでのフェミニティの予感》というタイトルのものだったが、仰天したのは、ほとんどのコス

コム デ ギャルソン　95年春夏コレクションより

チュームがいわゆるどぶねずみ色の男性用背広をベースにしていたことだ。とにかくマヌカンがみな、とてもすがすがしく、とても堂々と見えた。男性と同じものを着ていてもこれだけちがうんだという、溢れんばかりのフェミニティも感じられて、心底かっこいいなとおもった。あいだに双子のきゃしゃな男性がマヌカンたちと同じ服を着て歩いていたが、その透明感のある姿も、これまたかっこよかった（前頁写真参照）。

男と女、父と母。それはかつては、大きいものと小さいもの、勇ましいものと可愛いもの、乱暴なものと静かなもの、毛むくじゃらでざらざらの肌とすべすべでしっとりした肌というふうなイメージの系列をなしていた。そういう差異の一覧表はいまではもう神話的になっている。そして、「可愛い女」を過剰に演出したりすると、セクシーとか可愛さしかおまえには見せるものがないのかと、同性から糾弾《きゅうだん》されかねない。ひょっとしたら松田聖子が典型例なのかもしれないが、メディアをみるかぎり、じょうずに可愛がられる女性は同性から集中攻撃を浴び、悪女のほうがむしろ味方にみえるらしい。ともあれ右のような差異の一覧表はすでに牧歌的なもので、ぼくらのあいだで急速にリアリティを失いつつある。

コム デ ギャルソンには、そういう「神話」や「牧歌」の破壊をもっとも徹底しておこなってきたという印象がある。が、それは痛みもなしに、そんなにかっこよくできることではない。迷いに迷いつつ、ちょっと枠をはみでようとしたとたん、同性からも異性からも、冷ややかな眼でみられたり、からかわれたり、罵《ののし》られたりする。「ブス」とか「デブ」とか「汚らしい」などといった残酷なことばが石つぶてのように飛んできもする。そういう惨《みじ》めな体験、情けない体験をも取り込んだようなデザインを、ぼくは川久保さんの服に感じる。川久保さんの服にはただもううっとりとするしかないような美しいものだが、それはエレガントとかシックというのとはまったくちがう。むしろ安っぽかったり、みっともなかったり、ときにうちひしがれているような感じすらする。

それはたぶん生理の哀しさにふれようとしているからだ。これまで「女らしさ」としてだれからともなく発信され、押しつけられ、まとわりついてきた女性のさまざまの属性、清楚でもいいしセクシーでもいいし、可憐でもコケティッシュでもいい、そういう属性のどれとも呼応することなく、またそれを逆手にとることもなく、そういうあいまいで粘着的な空気とは切れたところで〈女〉の生理に正面から向きあうこと、そういう強い意思が川久保さんの仕事をつらぬいているようにおもう。それはいってみれば、「女らしさ」という包囲網をかいくぐり、性差の外部へ、無性的な服づくりへと向かう過程で、同時に、女性であるという事実により深い次元でつきあうという、ねじれた戦略である。

実際、コム デ ギャルソンのコレクションには、ブランドを率いる川久保さんの少女時代（昭和二十年代だ）の体験が、あぶりだしのように、ふっと浮きだすことがある。安手のブラウスに縫いつけられたひらひらの布やシャーリング（布地をわざと寄せて縫い、服の表面に立体的な襞《ひだ》をつくる技法）、エプロンの襟元とかシミーズ（スリップのこと。シュミーズというのが正しい発音なのだが、シミーズといわないとぼくらの世代は独特の猥褻《わいせつ》感がともなわない）の裾に縫いつけられたレース、裾の短い手編みのセーターや体操用のブルマー、そしていかにも戦後の貧しい生活をおもわせる柄をあしらったシンプルなワンピースやエプロンなどといった時代外れのアイテムが、間歇《かんけつ》的に登場する。

そのとき、女のひとの〈生理〉が時代と擦《す》りあわされる瞬間の微《かす》かな記憶、あるいは時代によって圧縮されたり歪《ゆが》められたりする痛みの記憶というものがぐぅーっと浮上してきて、ぼくはいつもうろたえてしまう。「男」でありつづけてきたぼくには想像すらできない違和の感覚に、くらくらする。あれはなんだ……としかいいようのない気分である。そういう〈女〉の生理の底からにじみ出てくるような感覚は、新鮮と

コム デ ギャルソン　84年春夏コレクションより（撮影＝ピーター・リンドバーグ）

いうよりも怖い。ときには幼女たちの自己閉塞《へいそく》的な感覚世界をおもわせるような、「女らしさ」以前の女性の淀んだ存在へと、あるいはその夢と生理へと、誘ってくるので、ぼくなどはすっかりうろたえてしまうのだ。でもそれだけ、〈性〉という現象についてディープな経験ができることはたしかだ。

ちなみに、これはむかし友人が教えてくれたことだけれど、コム デ ギャルソンの、だぶだぶの黒の服ばかり着ている女の子が近くにいたので、「どうしてギャルソンばかり着るの？」と訊《き》くと、彼女は、「これ着てたら男の子が言いよってこなくていいの」とさらりと言ってのけたそうだ。なんで男のために服を着なければならないの、ってところなのだろう、たぶん。

皮膚のざわめき

ほんの一例にすぎないけれども、こういうふうに、松井さんのオブジェにしろ、川久保さんのモードにしろ、安藤さんの建築にしろ、身体空間をめぐるデザイナーの感覚はするどい。そして、ときに琴線《きんせん》のように微細に震える。そこで、身体《からだ》がしめる空間とのかかわりの次に考えたいのは、身体表面での触覚的なかかわりだ。ファッションにはこれまでみてきたような社会的な意味や記号性とともに、身体にじかにふれて

コム デ ギャルソン　95/96年秋冬コレクションより

いるという面、その素材やかたちがぼくらの身体感覚を刺激したり共振させたりするという面がある。次に、そういう方向から現在のファッションを見てみると、だぶだぶの服、裏返した服のほかに、皮膚に張りつくような服が目につく。

皮膚感覚の服とでもいったらいいのだろうか、最近の若いひとのワンピースやミニ・スカートやスパッツには、肌にぴたっと吸いつくようなかんじのものが多い。年配のひとはからだの線があからさまに出るのでなかなか着にくいようだけれど、ミニ・スカートとならんで、若いひとたちのそういうファッションというのはとても開放的な気分を周囲にふりまく。また、胸元を深くえぐったボディ・コンシャスな黒のロングのワンピースを着た女性を見ると、首筋や胸板のあたりがとても白くみえてぞくっとするけれど、それは、仕事が終わったあとの、どこかフォーマルなかんじのするおとなのパーティを想像させるし、黒のスパッツは、『麗しのサブリナ』でオードリー・ヘプバーンのはいていた細身のパンツを思いださせ、見ているぼくらをどこかノスタルジックな気分にする。そういうきちっとした服、細身の服には、ふと懐かしさのようなものも感じられて、こういう服は男性をしみじみと誘惑するところがある。だからそういう服はきらいなのだ、という女のひとも多いだろうけれど。

からだ（の線）を出すということでついでに言っておくと、これは最近出た『ストリート・ファッション 1945-1995』（パルコ出版）という本で指摘されているが、六〇年代にはじめて登場したミニ・スカートは、若いひとたちにまずは、脚を外気にさらせる、あるいは大股で堂々と歩ける開放的な服というふうに受けとめられたようで、性の解放というコンテクストよりもむしろ少女性ないしは中性性の肯定（成熟したおとなの「女」になることの拒否）というコンテクストで読んだほうがいいようだ。もちろん男性の欲望のかたちをなぞって、男性をからかい翻弄するという面もある。ともあれミニが、男性をひたすら待つという態度と絶縁していることはたしかだ。

その意味で、皮膚に吸いつくような服も、現在では、見られるための服、つまり単純にセクシーな服の代名詞のようにではなく、それをまとう身体とのかかわりのなかで、つまりは皮膚感覚を揺さぶり、刺激する服という視点からとらえる必要があるだろう。

ボディ・コンシャスな服というのは、楽な服ではない。文字どおり、身体感覚（装着感覚）をかきたてる刺激の強い服だ。見るひとに対してもそうだけれど、着るひとにとってもからだを動かすたびに肌にひきつるような感じがする。ストレッチ素材を用いたときのそのひっかかりのかんじがきっと心地いいのだろう。そういえば最近、ビニールやエナメル系の素材を使ったスカートやビスチエのように、「ボンデージ」

〔緊縛〕という、かつてのアンダーグラウンド系のちょっとアブな（「アブノーマル」と「危ない」のかけことば？）アイテムが、ストリート・ファッションのなかにもどんどん浸透してきている。見ているだけでも、ひやりとした感覚、皮膚に引っかかるような感触がストレートに伝わってくる刺激的なアイテムだ。

　こういう皮膚に張りつくような服の心地よさというのは、いったいどこからくるのだろう。メディア論者として一時代を画したマーシャル・マクルーハンは、六〇年代に、二十世紀のファッションは、全身を衣服で覆った時代から、全身が画一的な視覚空間に収容される時代を経て、「われわれの肉体のすべての表面によって、生き、呼吸し、聴くような世界」へと入っていくだろうと予言した。言いかえると、見られる客体、受動的なオブジェとして自己の身体を構成されることを長らく強いられてきた女性が、見るものと見られるものとを分割するそういう制度から少しずつ解除されてきて、六〇年代以降、視覚的な次元でのフォルムやシルエットではなく、素材の感触とか、布地と皮膚とが軋《きし》みあう緊張感とかに、耳を澄ましはじめたというわけだ。その後かなり微細な伸縮性をもったストレッチ素材などが開発されたことで、衣服を、まるで第二の皮膚のように感じ、その繊維の感触をこまやかに愉《たの》しめるようになった。

機械のようなからだ

ぼくの好みではないのだけれど、テレビなどで中継しているとつい気になって見てしまう番組がある。エアロビクスのコンテストだ。何が気になるって、まずはあの底抜けに明るい笑顔だ。明るいというより、ぼくらの感情から遠く隔たっているといったほうがいい。演技することはそれほどうれしいことだとはおもえないし、ずっと同じ笑顔をしているというのもなにか異様だ。ぼくはあの笑顔をみると、人形の顔、たとえば大阪の道頓堀にある「くいだおれ」の等身大の人形をおもいだしてしまう。黒縁の眼鏡《めがね》をかけ、縞のパジャマのような服を着て、小太鼓を叩いているあの人形だ。もちろん、運動は機械のように正確で、かつメンバーの動きも揃っていて、よくあんなことできるなあとため息が出る。けれども、あのダンスにはいつまでもなじめない。マイケル・ジャクソンのムーン・ウォークだとか、マンハッタンのストリートや東京のディスコでやっていそうなブレイク・ダンスなどは、同じ機械的な運動でもまだまねしてみようかという通路はあるが、歳《とし》が歳だけにぼくなんかがそんなことをするとすぐにからだが壊れてしまうだろう。

でも、なぜみんなそんな機械のような運動に夢中になるのだろうか。いや、運動やダンスだけではない。健康な身体とかスリムな身体とかしなやかな身体など、身体の「理想的」な様態《モード》を求めて、エクササイズやフィットネスでからだをシェイプ・アップし、エステティックや入浴で染み一つないつるつる、すべすべのお肌に変える。そしてそういう「理想」のシルエットを強く意識したボディ・コンシャスな服を身につける……。ファッション雑誌ではそれを、ボディ・モードとかボディ主義と呼んでいる。

スリムなからだ――ダイエット症候群

こうしたボディ・デザインの思想は、しばらく前からもっともっと日常的なシーンにまで入り込んできている。ダイエットと、朝シャンやデオドラントのブームだ。そのダイエットがエスカレートすると、拒食症や過食症といった、もはや食欲のコントロールの不可能な地点にまでいきつく。朝シャンやデオドラント・ブームがエスカレートすると、口腔《こうくう》神経症や清潔症候群といった現象に転位してしまう。

ダイエット症候群については、以前に中島梓《あずさ》さんが『コミュニケーション不全症候群』（筑摩書房）のなかで、それを社会の共同幻想への「過剰適応」であるとし、次のように分析していた。とても的確な指摘なので、ちょっと長いがそのまま引かせていただく。

彼女たちの瘦せ細った骸骨のような体と食べ物にとりかこまれながらそれを口に入れる事の出来ない飢え、そしてそれでもなお「瘦せている事だけが価値である」と信じこまなくてはならない精神構造は、社会の論理からのモデルとメッセージとを受入れるか、拒否するかの二者択一の前で、その社会の与えたモデルの輪郭にそれぞれ個人個人で異なったシルエットを持っている自分のからだをあわせ、それ以上に——モデルの輪郭より以上にその輪郭のなかに完全に自分を埋めこんでしまえばいかに厳しく情容赦のない規範とても彼女を受入れないわけには行かないだろうという、絶望にみちた彼女たちの状況を示すものに他ならない。そして、それでもなお、彼女たちが発見するのは、それでもやはり受入れてはもらえないのだという最後の絶望である。

それはおタクの肥満体が、この競争社会の選別の構図からの際限のない脱走と反逆を象徴する、いわば「ユダヤ人の黄色い星」であるように、彼女たちのこれほど受入れ、従順に従っていてもまだダメなのかという恐怖と錯乱の象徴である。彼女たちは体重を減らしたいからダイエットをしているのではない。美しくなりたいから、男にもてたいから、新しいファッションが似合うようになりたいから、モデルになりたいからダイエットをし、20kgにも痩せ細って生命までも危機にさらそうとしているわけでありはしない。彼女たちが深刻に求めているのは、「社会に受入れられる」こと、それ自体である。

だから、社会から送られてくるメッセージや命令にまじめに従おうとする少女ほど、過度に命令に従ってしまうのだ。言うまでもなく、スリムであるということ、つまり無駄のないことというのは、若いこと、美しいこと、健康であること、新品であることとならんで、自由で誇りある人間であるために必要なことではない。それは売り買いされる商品の価値でしかない。にもかかわらず、同じような強迫観念は男の子をも襲うと、中島さんは言う。

選ぶ側であって選ばれる側ではなかった男の子であるからこそ、それが選別にさらされ、東大出、一七五cm以上、五十五kg以下、眼鏡《めがね》なし、ハンサム、やさしい、都会的、同居せず、などという人肉市場に連れだされたと知った時女の子以上の恐怖にさらされる。それはしかし、これまでは買手でこそあれ売手になることはまったくまぬかれ、だからこそ買われる側の屈辱や恐怖、ナルシシズムの危機、諦念、などをさえ笑い物にすることすらできていたからこそそのパニックである。男の子たちは、女の子たちをさんざんみめかたち、女性としての機能、家庭維持機械としての機能、付加価値、新品かどうか、で選別したい放題にしてきた。いまや社会と女の子から男の子が選別されることになったとたん、自分がすべての選別の条件から落ちこぼれたと知った男の子はおタクと化してカタツムリの殻に逃げ込んだというわけだ。逆からいえばそれほどに男の子は驚き、恐怖にかられたのだ。男の子のほうがたぶん格段に、これまで優遇されてきた分弱いのである。彼らは自分たちが外見や標準体重によって裁かれ、選別され、ランクづけられるだろうなどと想像したこともなかったのだ。そしてもしそんなことになったところで、自分は不細工なほうだけれども学歴はいいとか、車をえさにいくらでも女なんかひっかかるとか、不細工で運転免許もないけどなにしろ空手五段だとか、別のファクターのなかにいくらでも逃げ込めたのだ。逃げ込む先がついにまったくなったと知ったので、今度は彼らは内宇宙に逃げ込んだ。つまりは彼らはどうしても逃げなくてはならないわけである。

ポイントをずばり抉《えぐ》りだしたするどい指摘だとおもう。さしあたってつけ加えることは何もない。そこで、皮膚感覚という、ぼくらの問題の文脈に戻って、それと深いかかわりのあるもう一つの現象、朝シャンやデオドラントのブームのほうに注意を向けよう。「清潔であれ」という、「スリムであれ」とならぶ社会からのもう一つの命令についてである。これをダイエット症候群にみられた「過剰適応」に対して、「過剰防衛」という視点から分析してみたい。

きれいなからだ――清潔症候群

清潔シンドロームということばが使われるようになったのは、朝シャンの流行とデオドラント商品の爆発的な売上げが話題になりはじめてからだ。八〇年代の後半あたりだろうか、いわゆる3Kに代わって3S（さらさら、すべすべ、すっきり）ということばや「清潔美人」が流行語になったが、実際ぼくがある女子大学で百人くらいのクラスで質問してみると、九五パーセントの学生が毎朝シャンプーすると答えた。ことしになってある共学の大学でまた同じ質問をしたら、毎朝ではないが一日に一度はシャンプーをするという学生が約六割だった。それに統計によると、シャンプーやリンス、トリートメント関連は九〇年の時点で二千億円市場といわれていたし、ボディ・

シャンプーは八〇年代後半の四年間で二・三倍の伸びを示したという。そして口臭予防のオーラル・ケア用品とか腋の下の脱臭用品、むだ毛を取る薬品、それに顔のてかりを落とすスクラブ洗顔剤など、そういうエチケット商品がどんどん開発された。こうしてみんな毎日のように入浴し、シャンプーするようになった。

同じ八〇年代、米国では、もう少し象徴的な意味で、清潔な身体が流行《はや》っていた。とくにヤング・エグゼクティヴとよばれるような若年のエリート層は、煙草はめったに吸わないし、夜もバーなどにいかず早めに帰宅し、アルコールは慎み、人工着色料や防腐剤の入っていない、低脂肪・低カロリーの健康的な食事をする。カフェインにも過敏で、ニューヨークのホテルなどではコーヒーを注文するとカフェイン入りかノン・カフェインかをわざわざ訊かれるくらいだ。要するに身体の内部から不純なものを排除していこうというデトックス〔毒性排除＝detoxification〕への志向が、強迫観念のようになって人びとの意識を占めるようになってきている。それは一種の「自己抑制のモラル」ないしは「美学」とでもいうべきもので、わが国にみられるような直接的な感覚次元での「清潔願望」とは少し意味あいが異なるが、しかし体液の純化という点まで含めると、清潔志向はさらに徹底しているともいえる。というのも、いまの米国では、「清潔《クリーン》な体液」という強迫観念が、汚染された身体を摘発するヒステリックな監視の視線となって、人びとの社会生活のなかに確実に浸透してきているからだ。米国では八〇年代に、薬物に汚染されていない尿の販売がビジネスとして成立したそうで、これに対して検査員の観察下で排尿をするよう義務づけるような薬物テストが、たとえば教師の採用試験のときに強制される傾向が出てきたという。

こういう現象の背景には、もちろんエイズの問題があるのだが、同時にもっと象徴的な次元での問題もある。フェミニズム派の研究者であり雑誌編集者でもあるアーサー&マリルイーズ・クローカーは、『ボディ・インヴェーダーズ』(一九八八年)という書物のなかで、こうしたウイルス汚染へのパニック的恐怖は、政治や金融、あるいはナショナル・アイデンティティなどの局面での「アメリカ文化の免疫秩序の崩壊」というコンテクストのなかに位置づけることができるとしている。身体内部の免疫組織を破壊してくるようなウイルスの侵入に対して、それを包囲するべく免疫システムの形成が緊急に要請されるという事態が、文化のさまざまの次元で変奏されつつあるというのだ。が、この過程は自家撞着《どうちゃく》に陥る。というのも、ウイルスの侵入に対抗して内的な免疫システムを補強すべく身体の内部環境を人工的に純粋化すればするほど、その内的免疫システムも弱体化してしまうからだ。殺菌された環境下では、異物が存在しないのだから、免疫システムも不要になって衰弱してゆくからだ。こういう消毒・殺菌の観念にふれて、ジャン・ボードリヤールはアイロニカルな気分で、「人間が浄化され、すべてが浄化され、社会的感染や細菌の感染に終止符が打たれたとき、死ぬほど清潔で、洗練された宇宙には、悲しみのウイルスしか残らないだろう」と書いている。

他者との接触の回避

衰弱したアイデンティティのぎりぎりの補強、それを個人レベル、感覚レベルでみればたぶん「清潔願望」になる。じぶんがだれかということがよくわからなくなるとき、じぶんのなかにほんとうにじぶんだけのもの、独自のものがあるのかどうか確信がもてなくなるとき、ぼくらはじぶんになじみのないもの、異質なもの、それにちょっとでも接触することをすごく怖がる。じぶんでないものに感染することでじぶんが崩れてしまう、そういう恐ろしさにがんじがらめになるのだ。じぶんのなかになんの根拠もないまま、じぶんの同一性を確保しようとするなら、〜ではないというかたちでネガティヴにじぶんを規定するしかない。じぶんは女ではない、子どもではない、白人ではない、病気ではない……。

そういうことすら確認できないときは、だれか一人を異物としてまつりあげて、こいつがいるからクラスがうまくいかないんだというしかたで他者を作り上げ、そしてそれをバイキンのように駆除するというかたちで、「われわれ」の同一性を確認し、その「われわれ」の一員として自己を同定《アイデンティファイ》するという方法をとる。米国のある心理学者がいっていたことだが、どんな家族にもかならず一人いじめられっこ役がいる、そのことでかろうじて家族は一体感を手に入れるということもあるのだ。子どもとはかぎらない、おじいさんがその憎まれっこ役をやらされることもあれば、お父さんがそれをやらされることもある。

そういうことすら不可能なとき、じぶんの同一性がほんとうに壊れかけていると感じるときは、ぼくらはどうするだろうか。いつでも同じことをくりかえすというしかたで、同じじぶんというものを確認しようとするかもしれない。学校に行くときに、かならず同じ時間に同じ場所を通る、同じ店の前で道を渡る。あるいはどんなときでも同じ服を着るというふうにだ。あるいは、過剰に論理的になるということもある。ひとと話すときにも、中身のあいまいな話はしないで、論理的に筋の通ったはなしをする。相手がちょっと前に言ったことと矛盾するようなことを言うと、きびしく糾弾《きゅうだん》するということもある。これらは「過剰な合理主義」といわれる徴候なのだが、要するにじぶんの内部で確認できないじぶんの同一性《アイデンティティ》を、外から見えるかたちで確認しようというわけだ。びっくりするほど派手な服装をしているひとが、じつはもっとも脆《もろ》くて壊れやすい不安定な状態にあるということはよくあることだ。

さらにそういうことすら不可能なとき、ぼくらはじぶんではないもの、他なるものの感染、あるいはそれとの接触を徹底して回避しようとする。清潔症候群というのも、まさにそういうコンテクストで現われてきたのではないだろうか。

六十代後半のさる高名な数学者が、かつてぼくにこんな話をしてくださったことがある。その先生は、じぶんの娘がまだ高校生のころ、お父さんをとにかく汚いと感じていたらしく、いくら話しかけても殻に閉じこもって、とにかく親父とは音信不通という状態が長く続いたそうだ。それが、結婚し、子どもを産んだとたん、日常のこと、小説のことと、いろいろじぶんにしゃべりかけてきたという。読んでおもしろかった小説を交換したり、映画のはなしをしたりと、いろんなコミュニケーションの回路が開かれてきたとおっしゃるのだ。これは、お嬢さんがご主人という他者と身体的な交感をもちはじめたこと、栄養摂取から排泄まで子どもの生理の全過程とつきあいだしたことと、無関係ではなかろうとおもう。お嬢さんの場合、結婚を機に、透明のカプセルでじぶんの存在を他者から隔離することが不可能になったということが大きいとおもう。他者を排除することによってではなく、他者との交錯《こうさく》、他者とのやりとりのただなかで、そのつどじぶんをかたどっていくというやりかたにいやがおうでも引き込まれていったのだ。

《他者の他者》としての自己

ぼくらはじぶんの存在をじぶんという閉じられた領域のなかに確認することはできない。ちょっとややこしい言いかたをすると、ぼくらには《他者の他者》としてはじめてじぶんを経験できるというところがある。ぼくらはじぶんをだれかある他人にとって意味のある存在として確認できてはじめて、じぶんの存在を実感できるということだ。ぼくがそばにいないとあのひとはだめになる、何もできないけれどただそばにいるだけであのひとは安心していられる、ぼくが病気かなんかで欠席するとたんにクラスは活気がなくなる……理由はなんでもいいのだ。要するにじぶんの存在が他者にとってわずかでも意味があること、そのことを感じられるかぎり、ひとはじぶんを見失わないでいられる。

ロナルド・D・レインという精神医学者は、ひとは「じぶんの行動が〈意味〉するところを他者に知らされることによって、つまり彼のそうした行動が他者に及ぼす〈効果〉によって、じぶんが何者であるかを教えられる」と言っている。つまり、ぼくがぼくでありうるためには、ぼくは他の〈わたし〉の世界のなかにある一つの場所をもっているのでなければならないということだ。それが他者の他者としてのじぶんの存在ということである。そういう他者の他者としてのじぶんの存在が欠損しているとき、ぼくらは、他者にとって意味あるものとしてじぶんを経験できない。

　だから、そういうことが続くと、ぼくらはじぶん自身になるために、「じぶんで、他者の世界のなかに妄想的に意味ある場所をつくり上げる」という絶望的ないとなみのなかにじぶんを挿入していかざるをえなくなる。他人という鏡がないと、ぼくらはじぶん自身にすらなれないということだ。

　このことは、自他の相互的な関係だけでなく、教える／教えられるという関係、看護する／看護されるという関係のように、一見一方通行的な関係についてもいえる。教師も看護師も、教育や看護の現場でまさに他者へとかかわっていくのであり、そのかぎりで他者からの逆規定を受け、さらにそのかぎりでそれぞれの〈わたし〉の自己《アイデン》同一性《ティティ》を補強してもらっているはずなのだ。ところがここで、「教えてあげる」「世話をしてあげる」という意識がこっそり忍び込んできて、じぶんは生徒や患者という他者たちとの関係をもたなくても〈わたし〉でありうるという錯覚にとらわれてしまう。そしてそのとき、〈わたし〉の経験から他者が遠のいていく。

が、たとえ一方通行的な関係であっても、自他はどこまでも相互補完的なものだ。生徒を規定しない教師はいないし、教師を規定しない生徒もいない。とすれば、「先生はぼくらがいるところでもいないところでもいつも同じ態度だ」と感じさせる立派な先生によりも、点数のつけまちがいをしたり、遅刻をして生徒をいらいらさせる欠点だらけの先生に習うほうがあるいは幸福なのかもしれない。すべてをそつなく正確にこなす看護師さんよりも、注射の針をなかなかうまく刺し込めない看護師さん、食事や検温の時間を忘れたり食器を落としたりと、どじばかりしている看護師さんのほうが、患者にとってはありがたいかもしれない。なぜなら、そのような先生や看護師さんは、生徒や患者をたえず心配させたり、怒らせたり、疑心暗鬼にしたりすることによって、じぶんを他者にとって意味あるものとして経験させてくれるから。

同じ理由で、息子の家庭に同居しながら、じぶんがいてもいなくても、じぶんが死んでも死ななくても、この家庭は何一つ変わらないだろうと感じる老いた女性よりも、息子が重罪を犯して刑務所におり、「世間に申し訳がたたない」とひっそり世間から隠れて生活する一人暮らしの母親のほうが、あるいは倖せなのかもしれない。少なくとも、「この子の味方はわたししかいない」と感じられるのだから。

そういう他者の他者としてじぶんを意識できないとき、ぼくらの自己意識はぐらぐら揺れる。あるいはとても希薄になる。そういうときだ。ぼくらが意味の次元ではなく、物質的な次元、フィジカルな次元で自他の境界を強く意識しようとするのは。皮膚とはもちろん二つの異なったものの界面であり、境界である。それは自己と他者、私秘的《プライヴェート》な領域と公的な領域、内部と外部の境界であると同時に、男性と女性、人間と機械、正常と異常などといった社会生活にとってひじょうに重要な意味をもつボーダーラインやバウンダリーを象徴的に意味するような境界でもある。

が、そういう意味の境界すらもがリアルなものとして感じられなくなったとき、ぼくらは皮膚感覚という、あまりにも即物的な境界にこだわりだすのではないだろうか。自他の境界の最後のバリヤーとして。そしてそのバリヤー、つまりじぶんの最後の防壁を、過剰に防衛しようというのが、異物との接触を徹底して回避しようとするいわゆる清潔シンドロームだったのではないか。

ベネトンの広告

イタリアにベネトンというファッション・メーカーがある。カラフルなコンドーム（ぼくなんかの世代はこういうことばを口にするのが恥ずかしくて、学生時代は「ゴム」とか、照れに照れて「近藤武蔵」とか「コンドーさん」と呼んだものだ）を並べた衝撃的な写真によってエイズ問題に人びとの関心をうながす広告や、「私の服を返してください」と社主がヌードで訴える資源のリサイクル運動の広告など、社会派とでもいうべき広告ポスターをどんどん打ちだして、ここ数年とにかく話題を呼んでいる企業だ。

湾岸戦争で原油まみれになった鳥、ボスニアで戦死した兵士の遺品や無限につづく無名戦士の墓、へその緒をつけたぬるぬるの新生児の巨大写真、エイズ患者の死、ごみ捨て場にできた養豚場、人骨を警棒がわりにするゲリラ兵士、好奇のまなざしに晒《さら》される白皮症の少女、黒人女性に抱かれる白人の乳児、マフィアの殺人現場、バングラデシュの洪水で家を失った市民、アルバニアから逃げだす難民で溢れかえった船……。とにかくひとの意識を逆撫でするような挑発性をもったスキャンダラスな写真を、これでもか、これでもか、といったかんじで突きつけてくる。

一方で、刺激的だ、斬新だ、メッセージ性がある、などと持ち上げるひとがいる。他方では、ヨーロッパの有力紙が広告の掲載を拒否したり、バチカンやフランスの人権担当相が批判声明を出したりと、非難囂々《ごうごう》だ。悪趣味だ、下劣だ、あざとい、他人の不幸を商売に利用している、ひとの死を食い物にしている……といったぐあいに。

こんなレッテル貼りに対して、「とんでもない」というのがベネトンの言い分だろう。あたりまえのことをそのまま見えるようにしただけだ、と。隠したり粉飾したりする

ベネトンの広告

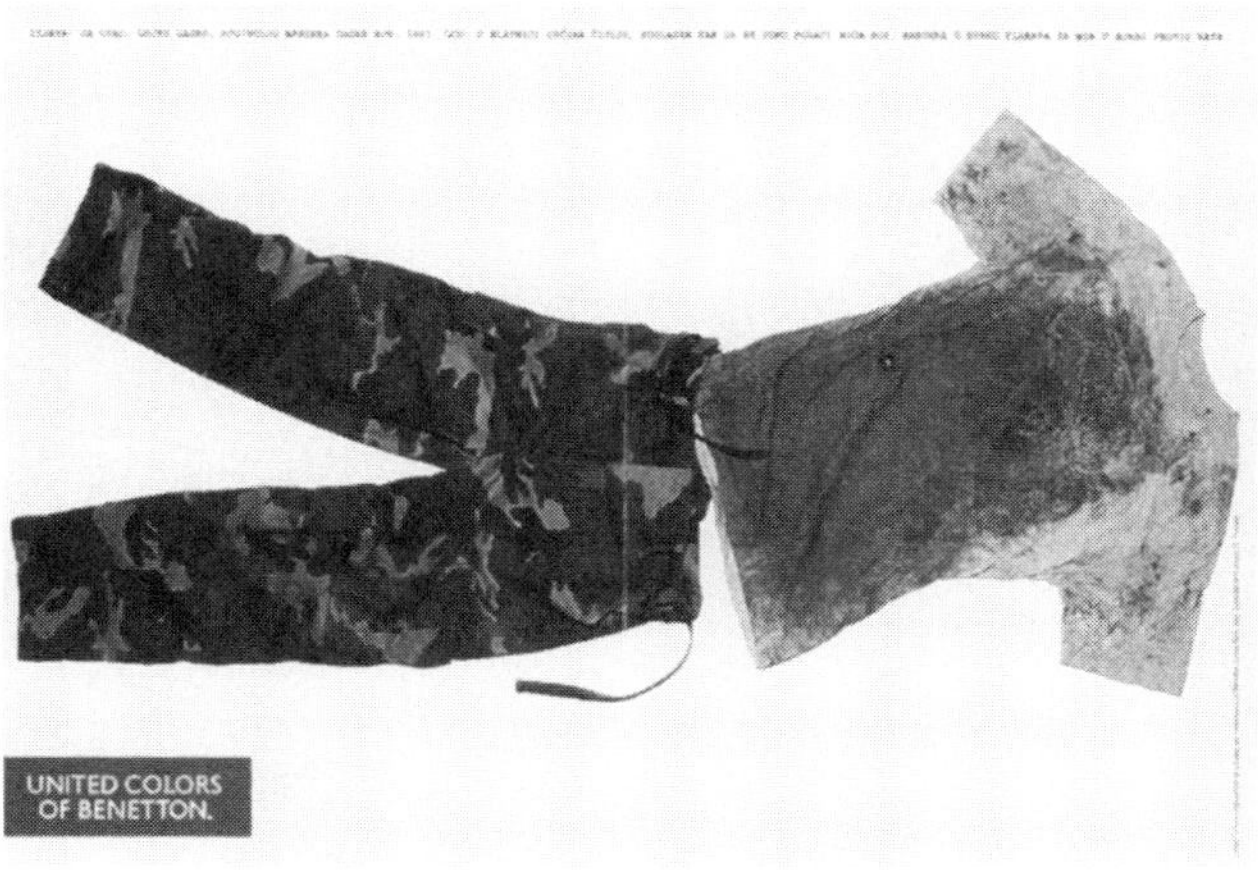

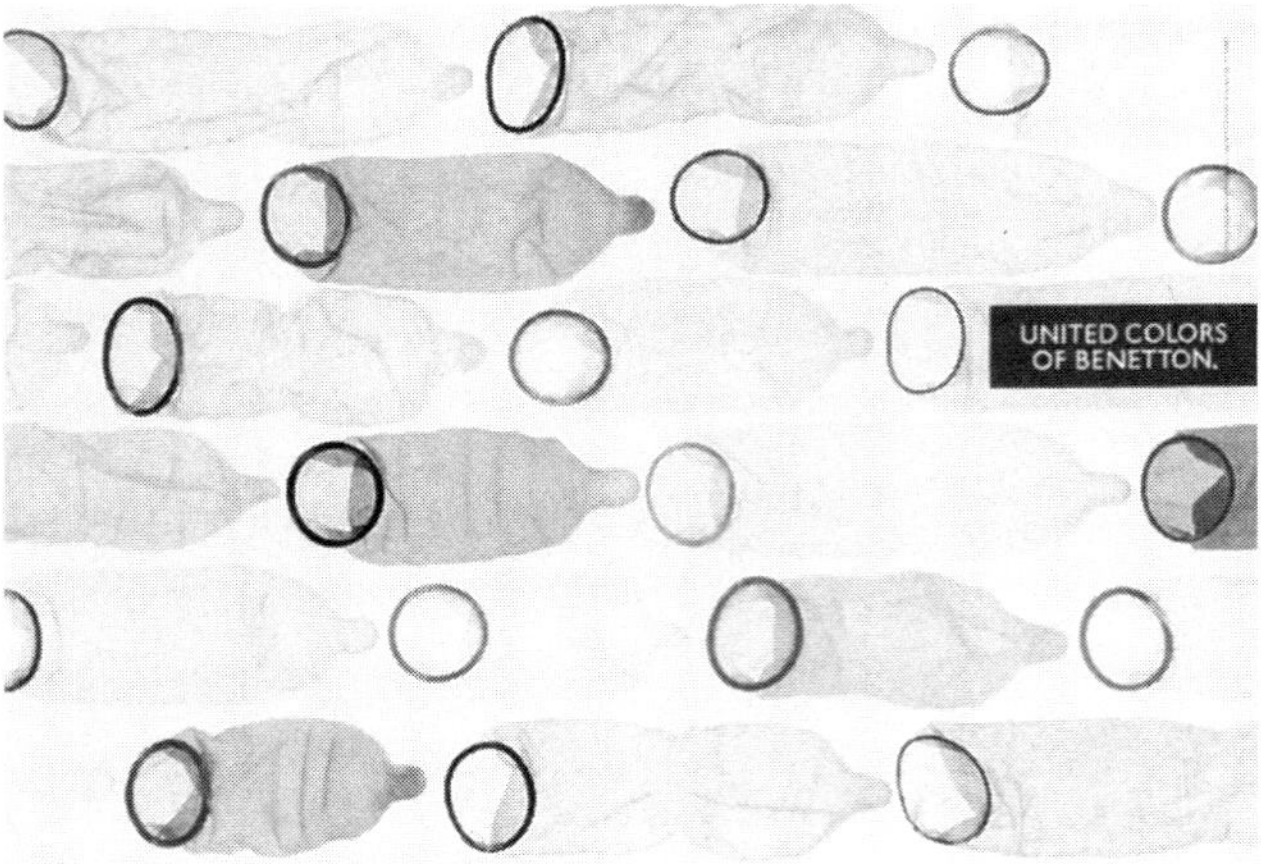

ベネトンの広告

ほうがずるい、と。

この広告、たしかに衝撃的にみえる。が、提示されているテーマといえば、だれもがメディアをとおして見聞きしている紋切り型のものばかりだ。エイズ問題、環境汚染、戦争の悲惨さ、子どもの虐待、人種差別……。紋切り型といったのは、事実のことではない。イメージの意味構成のことだ。ベネトンの写真シリーズは、マドンナの『セックス』が挑発していた世の中の道徳的な強迫観念、触れれば間違いなくスキャンダルになるような、そういう道徳的な観念の枠組みを、ある意味でちょっと恥ずかしいくらいに生《なま》で突きつけている。たとえば、「みなさん、エ

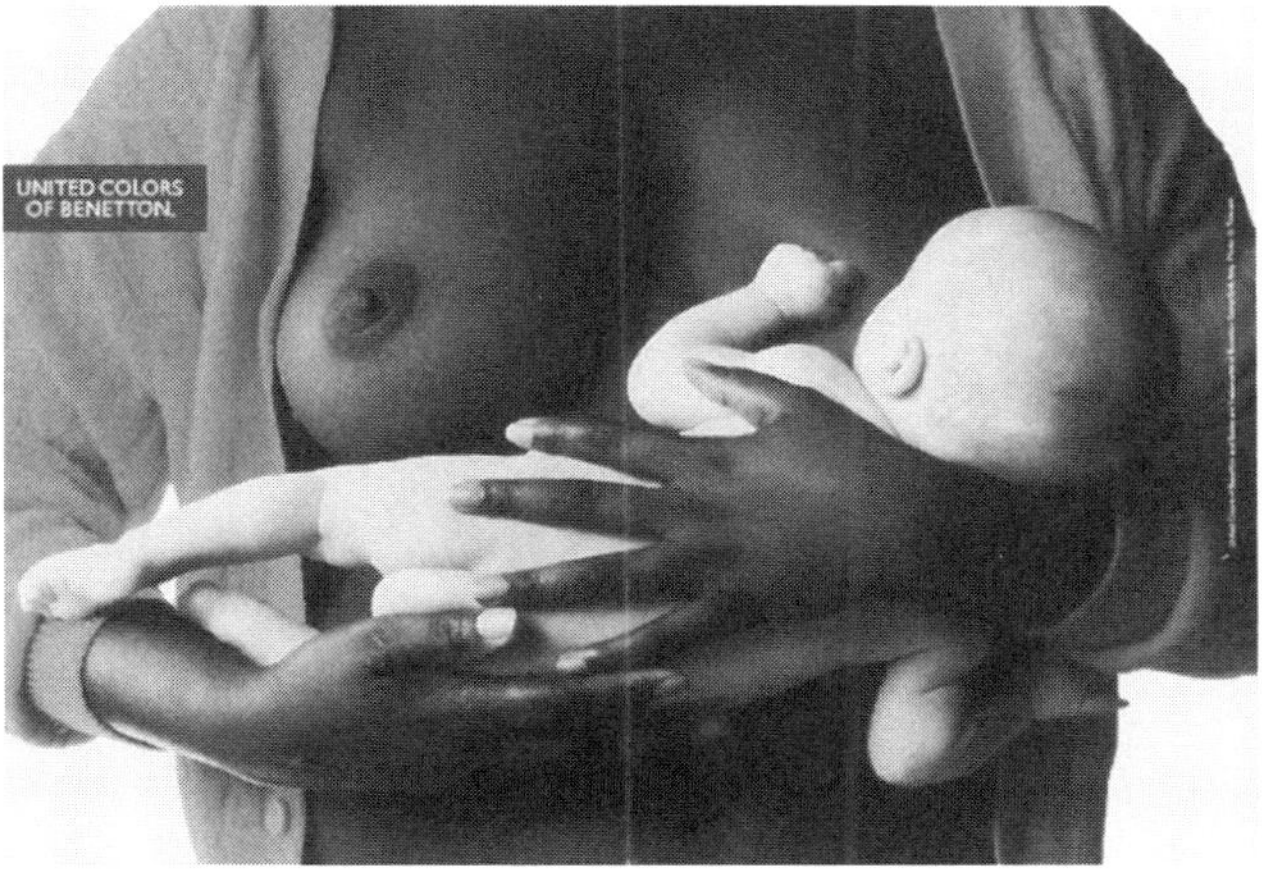
UNITED COLORS
OF BENETTON.

ベネトンの広告

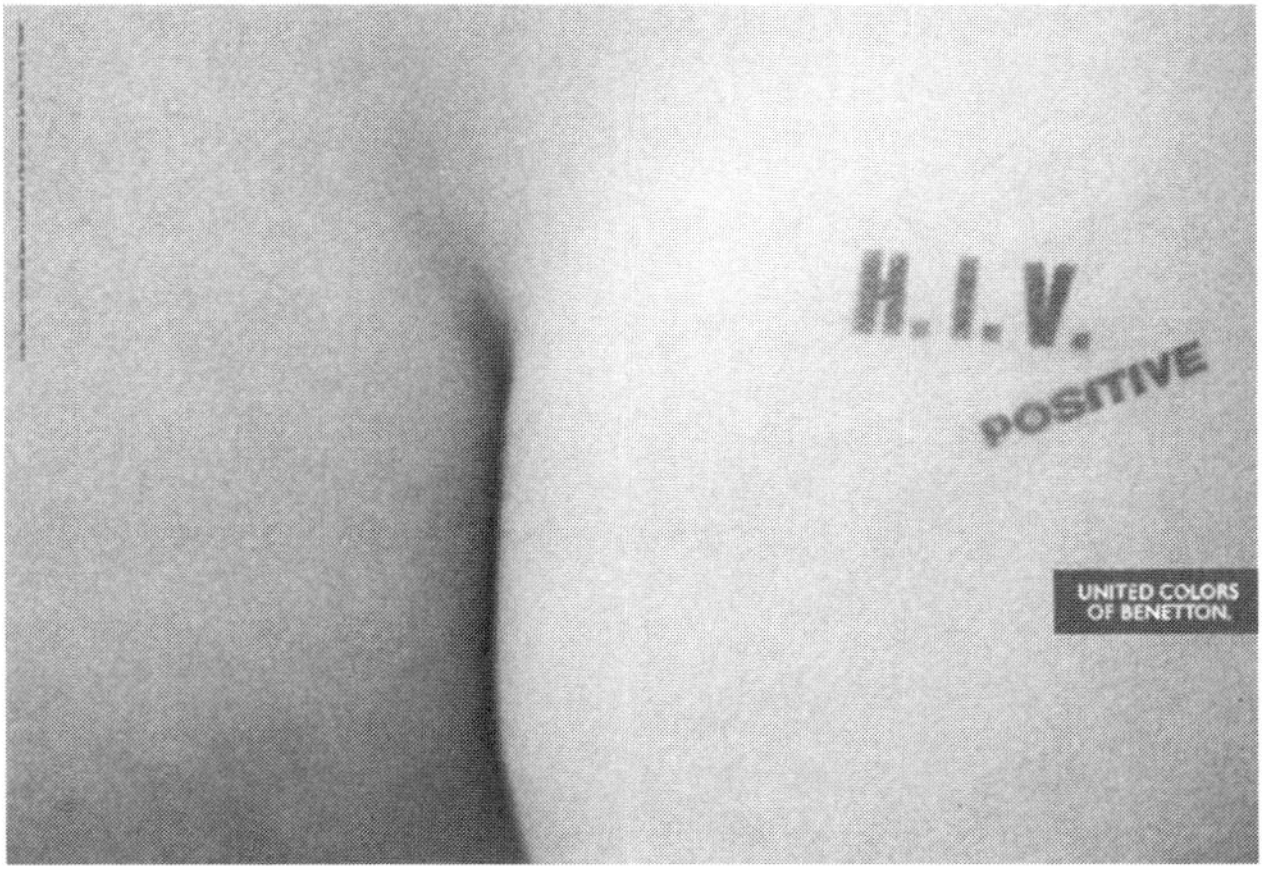
H.I.V.
POSITIVE
UNITED COLORS
OF BENETTON.

イズのことを考えなくてもいいんですか」、「難民の問題を知らんふりしていいんでしょうか」といったふうに、だれも正面切っては反対できない現代世界の重要問題を、次から次へと突きつける。こうして、もつべき問題意識がもつべく強化されるわけだ。

が、ここで立ちどまって考えてみたい。ベネトン社の広告写真は、消費者の視線を呼び込むためだろう、たしかに挑発的なものではあるが、ほんとうは、メッセージ内容〔テクスト〕よりも、それら映像のもつ触感〔テクスチュア〕のほうに、より強くこだわっているのかもしれない。たとえば司祭と尼僧がキスをしているシーンでも、ぼくらの関心は行為の背徳性にではなくて、尼僧の唇や頬の感触、白衣の質感にばかり向かう。それ以外の写真でも、独特のぬめっとした触感が表面に漂っている。コンドームの表面の極薄ではあるがみょうに引っかかりのあるぬめりであるとか、湾岸戦争の原油に包まれてしまった鳥の映像だとか、出産直後の赤ん坊の、胎脂《たいし》というのだろうか、あの脂に包まれたぬるっとした姿とかだ。この皮膚感覚、このテクスチュアの感覚こそファッションなのだ、というのがベネトンのメッセージではないのか。そう考えると、ベネトン社の写真は、エナメルやストレッチ素材によるクールな密着感の流行とも連動した、新しい感覚変容のしるしに見えてくるのだ。

タトゥーとパック

最後に、皮膚に密着するだけでなく、皮膚に描いたり、孔《あな》を開けたりする行為にもふれておこう。タトゥー〔刺青《いれずみ》〕やピアスというファッションだ。

ファッションとしての刺青は、六〇年代のヒッピー・カルチャーや七〇年代のパンク・ムーヴメントでも見かけられたように（一九八一年にはローリング・ストーンズがアルバム『タトゥー・ユー』を発表した）、カウンターカルチャー、つまり対抗文化の精神を象徴するような行為だった。それは、意に反して皮膚に焼きつけられたスティグマ〔烙印《らくいん》〕であるどころか、逆に、じぶんの意志や態度をじぶんの身体《からだ》に刻印し、記憶させる「自由」の行為としてあったのであって、そういう行為をつうじて、社会のマジョリティに対し「おまえたちとは絶対同類にならない」と宣言したのであった。

もっとも刺青ははじめから「自由」のしるしとしてあったのではない。刺青はたしかにむかしから身体変工の風習のひとつとして、さまざまの儀礼（とくにアイデンティティの変換を象徴する通過儀礼）にともなうものだった。それはいわば存在の〈像《イメージ》〉を変えることによって存在の実質を変えてしまおうという、変身のメディアとして装飾文化のとても重要な部分をなしていた（一九四五年、ヤルタ会談にのぞんだともに軍隊経験のある三人の政治家が奇《く》しくも全員錨《いかり》や髑髏《どくろ》の入れ墨をしていた。三人の名はチャーチル、スターリン、ルーズベルト。これはおそらく「マジカル・パワー」のしるし、お守りみたいなものだったのだろう）。

しかしそれはまた、鼻削《そ》ぎや耳削ぎ、磔《はりつけ》、鞭打《むちう》ちなどとともに、人びとを分割し排除する刑罰の機制としても重要な意味をもっていたのであって、危険人物の可視的なしるし、そして永久に消えない痕《あと》、つまりは着脱不可能なスティグマなのであった。永久に消えない痕であるからこそ、「親分」や「兄貴」への忠誠の表現になったり（忠誠という観念でじぶんを縛るわけだ）、「〜子命」なんて彫って、おれの存在はただおまえのためにだけあるという（ことばといった蓮《はす》っ葉《ぱ》なものではない）「愛」のしるしになったりするわけだ。日本の刺青《いれずみ》にはそういう面が強そうだ。

ところで、刺青は身体《からだ》の表面加工としてプリントの一種とみなすことができる。この生《なま》のプリントについては、人体装飾という面から、あるいはスティグマという面からというふうに、その図柄をめぐっていわば外側から視覚的に問題とされるのがつねであった。それに対してぼくがここで注目してみたいのは、プリントとその内側との関係である。刺青が、描かれる皮膚の内側にどのようにかかわるかという問題だ。

頭部や脇腹《わきばら》、掌《てのひら》などじぶんの身体表皮を何かに憑かれたようにがむしゃらに掻きむしり、傷つける行為がある。こういう一種の自己破壊的な衝動は自己の身体イメージが壊れるところに発生するという説が精神病理学にはあるが、そのように分裂した身体を湿布で「包み、つなぎ合わせる」ことで、患者にまとまった身体イメージを回復させる、そういう療法がある。

ぼくらはこれまで何度も、ぼくらがじぶんの身体について断片的な情報しかもちあわせず、したがってじぶんの身体をまとまった〈像《イメージ》〉としてじぶんで想像的に構築する必要があること（その〈像〉のことを、精神分析医のルモワーヌ・ルッチオーニはそれぞれの〈わたし〉の「イマジネールな外縁《がいえん》」と呼んでいた）に注意を向けてきたが、まさにこれは、じぶんのからだとしてじぶんの断片的な存在を束ねることができない患者の、その皮膚感覚に介入していくことで、患者にじぶんの〈像〉を回復させようという精神療法といえるもので、「パック」と呼ばれる。治療時間中、看護人がじっと付添い、湿布の上からからだをマッサージする。患者の身体イメージは、脱衣・湿布・発汗という温度の変化によってさまざまに刺激を受ける。そして体表を包む水温は、患者の体温と看護人のマッサージによって変動する。その過程で、患者に許された唯一の表現である言葉と看護人の皮膚感覚のあいだに不意に深いコミュニケーションが生まれてくるという。じっさい、ときに治療中に感極まってその場にいられなくなる看護人もいるそうで、布という媒体が、身体に全体的な身体像を回復させるだけでなく、接触を呼び込むための場を開くという点がとても興味深い。

《魂の衣》

ここで着目したいのは、パックをつうじて皮膚の内側と外側がダイナミックに交流するという事実だ。つまり、パックは皮膚を密封することでその内側の状態にはたらきかけ、本人も気づかないある感受性を引きずりだすということだ。同じような効果は、たとえば、身近なところでは冷たいシャワー（鳥肌が立つ）やサポート・タイプのストッキング、あるいはボンデージ・ファッションの密着型コスチュームにも見受けられるが、その強度をさらに上げたところに刺青《いれずみ》がある。これはいってみれば、身体の外側を描くことでぼくらの存在の内部にはたらきかけ、（『考える皮膚』の著者、港千尋《みなとちひろ》さんのことばを借りると）「皮膚の裏をコツコツと叩く」内側からの音に耳を澄ませようとする行為だ。

身体《からだ》の内部から外部に引きずりだされた模様、いわば内側からプリントされた柄については、フランスの哲学者、ミシェル・セールがとてもおもしろい説を立てている。彼によれば、皮膚がそれ自身へと折り畳まれる場所、皮膚の面と面とが接触する場所

（たとえば重ねられた唇と唇の間、舌を押しつけたときの口蓋、噛み合わせた歯と歯の間、閉じられた瞼《まぶた》、収縮した括約筋、拳《こぶし》を握りしめたときの手、押しつけあった指、組み合わされた腿《もも》と腿の間など）に〈魂〉が誕生するというのだ。そういう〈魂〉がさまざまな方向に移動し、飛び跳ね、たがいに交錯《こうさく》したり、重なりあったりするときのその運動とその軌跡が、波紋のように、あるいはぼかしや渦《うず》や紋のように描きだされたものが、ほかならぬ刺青だという。そういう生きたプリントが形式化し、衰弱したものが、現在の布のプリント地なのだろう。

さて、そのプリント地と刺青そのものの違いはよく、前者が着脱可能であるのに対して後者は修正も交換も不可能だという点に求められる。身体というオリジナルがまずあって、衣服がそのイメージをコピー変換する（着せ替えごっことしてのファッション）のに対して、刺青は身体というオリジナルそのものを変換し、消去するというふうに解釈されるのだ。

しかし、これは一見自明のようにみえて、根拠のない考え方だ。身体というのはつねに加工・変形されてきたのであって、衣服という覆《おお》いを剥がした無垢の身体、衣服を着る以前の無修正のオリジナルな身体などというものは、ほんとうは一度も存在したためしはない。じぶんの身体というものはその全体をじかに経験できるものではなく、想像的な〈像《イメージ》〉としてしか可能ではないということ、そしてこの身体イメージこそわれわれが着る最初の服だということをおもいだそう。身体とは断片的な知覚像を想像力をもちいて縫合したものにほかならず、したがってそういう〈像〉としての身体のシミュレーションという点では衣服と刺青《いれずみ》に本質的な差異はない。もし衣服が見えない身体の外皮であるとすれば、ピアシングをその見えない身体に施《ほどこ》された刻印としても同じことなのだ。魂にしても身体にしても、表面のこうした変工によってはじめてかたちを与えられるのだから。

衣服も刺青も、かつて《魂の衣》としてあった。衣服と刺青は、視覚的なものとして外側からプリントされるのではなく、むしろぼくらの存在の内側から外へ向かってプリントされたものだった。化粧のことをフランス語で「コスメティック」というが、この語は「コスミック」〔宇宙的〕とともに、ギリシャ語の「コスモス」ということばからきている。化粧も刺青も、ともに身体の表面のペインティングとしてあるが、それらはぼくらの内部環境としての〈魂〉と外部環境としての宇宙とをいきいきと交流させるメディアであった。たんなる自己演出の媒体にしかすぎなくなっている現代のコスメティックとタトゥーのなかに、はたしてそういう宇宙の解釈術、あるいは宇宙の感覚器官としてのみずみずしい機能が回帰してくる可能性はあるのだろうか。

4　衣服というギプス

《最後のモード》(la dernière mode)

だぶだぶの服、裏返しの服、皮膚に吸いつくような服。間歇的《かんけつてき》に噴きだすマグマのように、ストリート・ファッションにくりかえし浮上してくるこのような文法外しの服、「くずれた」服は、九〇年代に入って「グランジ」〔grunge＝「うす汚れた」という意味〕というかたちで現われた。洗いざらしの安手のシャツやベストを無造作に重ね着し、シャツの裾をセーターの下から大きくはみ出させる、あの「だらしない」着方だ。古びて色褪《いろあ》せた生地《きじ》、破れていたり、端がほつれていたり、くしゃくしゃになったりしたよれよれの服……しかもそれを何枚も重ねて着る「みすぼらしい」ファッションだ。

ところがおもしろいことに、このストリート・ファッションの典型のようなかっこうが、じつはファッション・デザインの先端シーンから発信されたものだということだ。それがあっというまに街に広がった。

もう少し年配のひとにまで広まっているのは、白やベージュの生《き》なりっぽい「無《む》印《じるし》」風、無彩色の服。ファッションに凝《こ》るなんてみっともないよ、といったメッセージを込めた九〇年代のファッションは、八〇年代のいわゆる「ファッション狂騒曲」、DCブランド現象の対極に立とうとしているかのようにみえる。ちょっと意地悪い見方をすれば、エレガンスとかシック、あるいはゴージャス、キュート、セクシーなどといった「センス」の記号ゲームにはもう振り回されないよ、という反モードの姿勢が、いまのモード〔最新流行〕であるらしい。ファッション・デザインの先端と、だれがイニシアティヴをとることもなく路上から自然発生的に生まれてくるストリート・ファッション、それがとても近接してきている。

モードから下りるモード、みずからの終焉を演じてみせるモード、そういうモードが、最新モードになっているという逆説的な現象を、ぼくは、アイロニカルな意味を込めて、「最後のモード」と名づけたことがある。モードからかぎりなく遠ざかろうとしてあえてアウト・オヴ・モード〔流行外れ〕を志向すること、つまりモードから下りる「最後のモード」(la dernière mode) が「最新モード」(la dernière mode) であるという逆説のことだ。

それをぼくは『最後のモード』（人文書院）という本のなかで問題にした。そこで考えたかったのは、あらゆるものをべたーっと同じ平面にならべていくいまの社会のなかで、それに風穴を開けるような批評的行為がファッション・デザインに可能かどうかということだった。異議申し立てまでが安っぽくモード化されていく現在、言いかえると、批判がすぐに批判の対象と同じ平面に並列《へいれつ》されてしまうような、そういう風穴のない時代にあって、アンチ・モード（最後のモード）が流行のモノ（最新モード）に成り下がるよりも先に、モノの水準のほうを自己批評が可能な水準にまで引き上げる、そういうデザイン行為は不可能なのだろうか……それについて考えようとした。

ファッションの閉塞感《へいそくかん》

ファッションという現象には、着ている本人も気づいていない場合が多いのだけれど、時代を覆っている規範とかムードへのかなりクリティカルな意識が浸透している。そしてむずかしいのは、こういう抵抗もまたやがて「流行」という意味でのファッションに呑み込まれてしまうということだ。「抵抗」やツッパリだってすぐにファッション化して、抵抗の意味が萎えてしまう。そういえば、小学生とならんでコンビニで買い物するかわいいパンクのコマーシャルもあった。そして、ファッションの閉塞感というのもおそらくは、そういうモードへの抵抗（アンチ・モード）のモード化という、なしくずし的現象とともに発生してくる。モードがモードに包囲されるという自己閉塞感、どんな極端なことをしたって気がついたときにはもうモード・シーンの一つとして呑み込まれてしまっているという閉塞感である。

たとえば大阪・アメリカ村の三角公園に行けば、パンク系も大学生も制服姿の女子高生も、みんなベンチや階段に腰かけて、たこ焼きをほおばっている。この街では「不幸」がぜんぶ蒸発してしまって、みんなほんとに屈託なくニコニコ、ワイワイやっていて、これ以上何が必要かと、ちょっとばかり羨ましい気分になるんだけれど、それはほんとうは、きわどいもの、とんがったもの、つっぱったものの角《かど》がぜんぶ取れて、あとはもう何もすることが残っていないという、ちょっぴり絶望的な気分でもあるのだ。

グランジ・ファッションの流行と並行していたのは、リアルとかシリアスといった「きまじめな」な言説の流行だ。流行だというと、すぐにめくじらを立てるひとがいるだろうが、この「きまじめ」な言説にぼくは、どこか「〜エイド」などというおりこうさんぶったロック・コンサートと同じ匂いをかいでしまう。環境保護だとか廃棄物処理だとかエイズだとかボランティアだとか、だれもが考えるべきことをだれもが「まっとうに」考えるようになってきて、「ファッション？　それよりももっと考えることあるでしょ」といった、迷いのない言説、強迫的な言説がしらぬまに流通してくる光景だ。ベネトンのコマーシャルもこれに棹《さお》さしていたようにおもう。環境保護問題やボランティアがモードだといいたいのではない。そういうものをモード化し、しかもその事実に気づかないことが、いかに問題そのものを隠蔽することにつながるかを言いたいのだ。

ここに似て非なる三つの現象がある。ファッションなんていう記号ゲームに大騒ぎするなんてみっともないよ、という流行《はや》りの気分と、よれよれのストリート・ファッションと、モードから下りるモードという刺《とげ》のあるアンチ・モードのデザインとが折り重なり、まるで同一の現象のようにして流通している。緊張の極と弛緩の極が一致し、研いで研いで研ぎ澄ましたぎりぎりの服が、何だっていいやという感じの没ファッションと、ほとんど隣り合わせになっている。風景がちょっとかったるくなっていて、だから変形学生服の高校生などを見つけるとつい、「おいっ、もっとがんばれ」なんて声をかけてしまいそうになる。

よれよれの服の強さ

そのような気分でいるときに、羽田空港の取り壊し寸前の倉庫で、おもしろいコレクションをみた。コム デ ギャルソンの94／95秋冬のメンズ・コレクションだ（一五五頁写真参照）。「これがファッション?」と、はじめてギャルソンのショーを見たひとは眼を白黒させるにちがいないとおもわれるほど、このときのアンチ・モード性は徹底していた。どこかの鍛冶屋《かじや》か牧場か魚市場か建築現場からそのまま抜け出てきた古い労働着のパッチワークのような服がほとんどで、それを着て、ふだんはサーカスの団員やミュージシャンをしているモデルが、しどけなく、たよりなく、あるいはきって、歩く。男たちは腹が出てたり、猫背やでぶっちょだったりして、ハンサムでない。それに、袖の長すぎるセーター、まるでスカートか袴《はかま》のような広幅のズボン。つんつくりんで腹回りはボタンがとまらない上着。背は裏地がだらんと垂れて、下からのぞいている。徹底したドレス・ダウンの服である。

寸足らず、つぎはぎ、ちぐはぐ、だぶだぶ、よれよれ、やつれ、しわしわ……要するにエレガンスやシックという美的価値からうんと隔たった服だ。ノーメイクの女性に、あるいは顰蹙《ひんしゅく》もののメイクをする女性に、「口紅を唇につけなければならない理

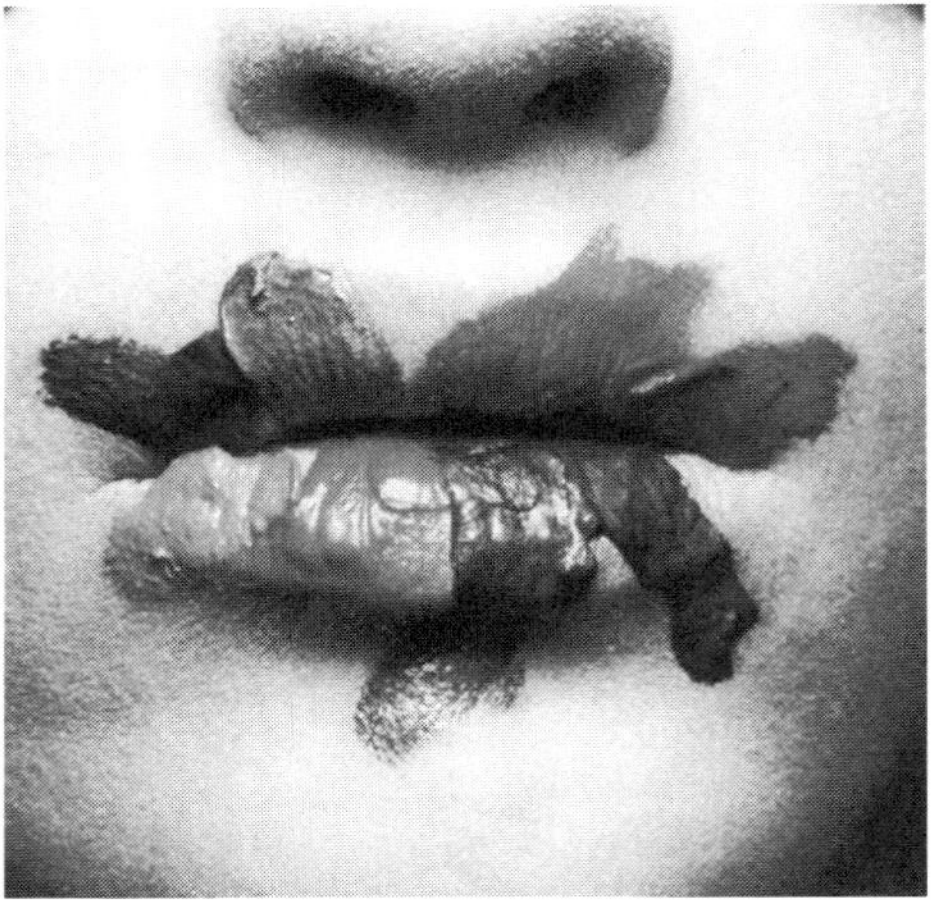
アーヴィン・ペン「口」1987年

由なんてない」というメッセージを送り続けてきた川久保玲（あるいはこんなリップ・メイクだってありうる。＝写真参照）、そして「にこにこしないで、踊らないで、ただふつうに道を歩くように歩く」ことをモデルに要求するその彼女の同じ言葉が、

コム デ ギャルソン　オム・プリュス　94/95年秋冬コレクションより

ここにも響く。アイロンがかかってなくていい、サイズが合っていなくていい、しわくちゃでもいい……。それはまるで「生き方」のことを言っているかのようだ。「男らしく」なくていい、胸をはって生きなくていい、もっとふてくされても、もっと跳ねてもいい、と。

　この服のもつ強さは何だろうか。それはたぶん、その批評性が、時代の表層にではなく、むしろ時代のベーシックに向けられていることからくるとおもう。たとえばだれもが無意識のうちに受け入れている時代の価値基準に。その棘《とげ》が「良識的」な評論家を苛立《いらだ》たせる。

　衣服や自動車、グッズはもちろん、身体《からだ》も顔も、アートや思想も、ときには社会問題やボランティアでさえも、モードの一つとして流通してしまう、そういう記号のたわむれとしての消費という現象にクリティカルな視線を向け、それから下りる《反モード》を標榜した「無印《むじるし》良品」や、「貧」を提案してきた自己批評的な企業広告よりも、さらにコム デ ギャルソンが激しいのは、モードからの隔たりを「演出」するのではなく（それはふたたびモードに回収されることだ）、むしろモードという制度のなかで、どのモードよりも速くモードを変換し、どのモードよりも速くそれを突き抜けることで、モードそのものを無化しようとしているからではないだろうか。何をしてもモードの一風景として取り込まれるなら、その逆手《さかて》をとって、モードよりも速く、先に走りきってやろうという姿勢。「ギャルソンはいさぎよい」という支持者の言葉は、たぶんそこのところをさしている。

服を解体する服――三宅一生《いっせい》・川久保玲・山本耀司《ようじ》の仕事

三宅一生さん、山本耀司さん、それにこの川久保玲さんと、いまの五十歳前後の日本人デザイナーの仕事は、しばしば「前衛派」と呼ばれる。衣服の伝統に徹底的に逆らってきたようにみえるからだが、ぼくの眼からすれば、衣服の伝統にではなく、モードの制度に抵抗してきたと言ったほうが正確だ。というのも、洋の東西を問わず、衣服のなかに込められた知恵や工夫や遊び、そして哀しみに、彼らほど深い理解と哀《あい》惜《せき》の気持ちを表してきたデザイナーはないからだ。

彼らは基本的に洋服のデザイナーである。けれども、「きもの」という基本服をおよそ一世紀のあいだにほぼ完全に脱ぎ捨てたこの国では、洋服ではなく、端的に衣服のデザイナーと言ったほうがいいだろう。その衣服デザインの世界では、七〇年代以降、高田賢三、三宅一生、川久保玲、山本耀司など日本人デザイナーの仕事をぬきにモードについて語りえなくなっている。エレクトロニクスやモータリゼーションなどいわゆるハイテクを駆使した領域も、その技術力によって世界の産業界を牽引《けんいん》してきたといえるが、デザインという面、とくに物の、あるいは環境のデザインを組み立てている構想力と感受性という観点からすれば、つねにその動向が世界の注目を集めているのは、建築とファッションである。ともにアートと技術の境界領域にある仕事であり、またともに身体《からだ》の生きた空間を創造的に構成する作業である。

とくにファッション・デザインは、かつて美術界にもみられたようなジャポニスム〔日本趣味〕やエキゾティシズム〔異国趣味〕の段階をとうに通り越して、普遍性と先端性とを兼ね備えたコンセプトと技術と商品感覚とによって、モードの現在を引っ張ってゆく位置にあるし、さらには時代の空気を可視化することによって、さまざまのアートのジャンルに強烈な刺激と方向性を与える役をも引き受けていると言っていい。日本の衣裳の影響は、引用される意匠の一つとしてではなくて、〈衣〉そのもののもっともベーシックな水準にまで浸透してきているのだ。

ちなみに英国のサブカルチャー系の雑誌『ザ・フェイス』は一九九四年に、ファッション界でもっとも影響力をもっている人物はだれかというアンケート調査をおこない（調査対象はファッション・デザイナー、カメラマン、スタイリスト、ファッション・エディターら）、そのザ・モースト・パワフル・ピープル・イン・ファッションの第一

コム デ ギャルソン 82/83年秋冬コレクションより 撮影＝ピーター・リンドバーグ

位に川久保玲が選ばれた。

さて、一九七〇年代から八〇年代にかけての日本人デザイナーの登場は、パリ・コレクションにとって、一つの事件だった。たとえば野良着のような七〇年代の高田賢三の服、その緩んだかたちや模様の重ね、三宅一生の「一枚の布」というコンセプトにみられた野性的な身体性への関心、そして川久保玲と山本耀司のアンチ・モード……、これらは服が服でなくなるような瞬間というものにふれていた。形がたえず変わる服、穴だらけの服、破れた服、ほつれた裾、だぶつく服、崩れた形、脱色あるいは黒のモノトーンの生地……（前頁）。つまり、多くのひとが顔をしかめるような服、美やエレガンスを求めない服、セクシュアリティを消し去る服、ジャポンの香りを漂わせるエキゾティシズムをみずからに禁じる逆説的な「ネオ・ジャポニスム」だ。

このようなアンチ・モードの襲撃は、衣服の構成、ないしは身体《からだ》と服との関係に別の原理を持ち込むという意味で、衣服というものへの根源的な問いであったのだけれど、それまでのヨーロッパの伝統的な服作りからすれば、スタイルの破壊あるいは服の解体と映ったのだった。

身をさばく服

　ほんとうはしかし、それは衣服にとってきわめて構造的な意味をもつ事件だった。身体にぴたっとフィットしない服、身体をきちっと囲わない服……ルーズフィットという言い方もされたが、それらは要するに、身体を美しく包装する、そういう身体梱包、身体パッケージとしての服ではなく、むしろふわりと身にまとうような服なのだ。それは「ふるまい」という美しい名前をもった、人びとの身のさばきを構成するような服、ときには身体との緊張した対抗関係のなかでそれにまとわりつき、ときにはそれを繭《まゆ》のようにやさしくくるむ服だ。それがたとえば、柔らかな生地の重ねになったり、だぶついて肌と布地のあいだにたっぷりと空気を孕《はら》むような服になったり、すきまだらけの服、十分なゆるみとずれをむしろ生かす服になったりする。要するに身体に密着もしないし、身体を密封しもしない服だ。

「機能が形態を規定する」ということがデザインのポリシーとしてよく言われるが、着やすさという点で、たしかに衣服は機能的なものでなければならない。けれども、機能的というとき、それが何にとって機能的かは一概に決められない。日本の着物は、単純に身体にとって機能的であることをめざしてはいない。それはむしろ、（身体をではなく）ふるまいを演出するもの、運動としての身体に固有のヴォリュームを与える服としてある。言いかえると、肉塊《にくかい》としての身体ではなく運動や強度としての流動的な身体、その見えない身体にそのつど見える形を与えるものとしてある。

日本の伝統衣裳としての「きもの」がもっていた機能性、ある意味ではモダニズムの極みともいえるその完璧なまでの機能性は、いまでは工芸品と化した感のある「きもの」によりも、むしろこれら前衛派のデザイナーたちの仕事のなかに深く入り込んでいる。

たとえば、たたんだときに矩形《くけい》の平面になるような裁《た》ち方（しまうとき、持ち運びするときのことを考えたデザインだ）、サイズの自由さ、アシンメトリカル〔非対称的〕な形、着方で変わるかたち、衣服のシャープな線のあわいが演出する切れのあるエロティシズム、別のものに代用できる服（風呂敷的な発想）、そして着てみてはじめて完結する未完成な服など、そこには、ずれとかほつれとかつぎはぎ、緩みやすきまや間など、身体の梱包という原理からすると否定的にしか捉えようのない契機が、逆に、服というものにかぎりなく微細な柔らかさを与えながら、布地の合間できわめて生き生きとはたらきだしている。

この柔らかさとこの構えない普段着の感覚とが、「美」とか「エレガンス」「男らしさ／女らしさ」といった価値への異議申し立てと連動しながら、かつてはヒッピーたちのフラワー・ムーヴメントと呼応し、現在はモード〔流行〕の〈外〉へ出ようというモード以後のデザインの可能性に開きつつある。パリの日刊紙ル・モンドは、九二年秋のコム デ ギャルソンのコレクションの印象を「季節風の後、モードの後」(après la mousson, après la mode) と表現していたが、西欧が生んだモードがその外部へと外出しようとするときに、肉の塊《かたまり》としての身体《からだ》を梱包するという原理とは異なった原理、あるいは美しさとか優雅さ、セクシーといった価値とは異なった価値へ向けての脱皮の可能性を、非西欧的な衣裳に求めたのは自然ななりゆきだった。三宅一生（イッセイ・ミヤケ）、川久保玲（コム デ ギャルソン）、山本耀司（ワイズ）らの仕事は、衣服デザインの歴史のなかでもきわだって重要な意味をもっていると、ためらいなく言える。

はずし、ずらし、くずし

服の文法を外す、あるいは侵すような服が、いつも、ファッションの先端に位置するというのは、とても興味深いことだ。はじめてファッションについて本格的に論じた思想家ロラン・バルトは、その著『モードの体系』のなかで、「モードとは無秩序に変えられるためにある秩序である」とか、「モードはこうして、〈みずからせっかく豪奢《ごうしゃ》につくり上げた意味を裏切ることを唯一の目的とする意味体系〉というぜいたくな逆説をたくらむのだ」と書いている。これは、たえず新しいもの、別のものへの欲望を生産するモードの論理にふれていわれていることなのだけれど、これを、おさまりのよいイメージの鋳型《いがた》のなかにじぶんを成形して入れることとの不断の拒否ととるならば、この二つの文章はそのまま、ちょっとつっぱったストリート・ファッションの論理となる。ぼくらが先に述べたことばでいうと、「等身大」であることの拒否だ。「等身大」という、およそ非ファッション的な感覚がファッションに浸透すれば、ファッション・シーンは死んだも同然だ。ファッションというのは、既定の何かを外すことであり、ずらすことであり、くずすことであり、つまりは、共同生活の軸とでも呼べるいろいろな標準や規範から一貫して外れているその感覚のことだからだ。ファッションというと、まず着飾るというイメージがあるが、ファッションとはほんとうは社会を組み立てている規範や価値観との距離感覚であり、ひいてはじぶんとの距離感覚であるとおもう。あるいは、『空想美術館』というすてきな書物を著《あらわ》したフランスの作家、アンドレ・マルローのことばを借りると、それは「一貫した歪形《わいけい》（デフォルマシオン）」であり、デフォルマシオンの自由さのことなのだ。

白洲《しらす》正子《まさこ》さんによると、世阿弥は能の「闌《た》くる」という技にふれて、次のように語っているそうだ。

名人が若年より老人に至るまで稽古してのち、是《ぜ》を集め非をのけてはじめて見せられる演出方法である。それは稽古をしていた修業中は絶対排斥していた非風(正しくない型)をまぜることである。名人にとっては是風よりほかのものは見出せない。それゆえに是風ばかりして見せるときは、見物にとってひとつのめずらしいこともなく、みないいことばかりに見える。それで見物がそれになれてしまっている時に非風をしてみせれば、見物が『あ、あんなこともあったのか!』と感心して一種の清涼剤となる。見物におもしろくみせるのが能役者の役めであるからには、おもしろくみせることはすなわち是である。もはや非ではない。

(『お能　老木の花』より)

「非風をまぜること」、そこに生じるちぐはぐがかっこいいのだ。でも、稽古の末に得られるこの境地は、ひょっとしたら、若いひとがおしゃれにこりだして最初にすることからそんなに遠くはないのではないだろうか。若者はおとなの服を崩して着ることから服を着はじめる。じぶんが何がおもしろくないのかよくわからないままに、しかしやはり何かに対してどうしても抗《あらが》ってしまう、そういう感覚がたぶん、服のバランスを変えたり、わざとだらしなく着たりさせるのだった。

ファッションにはそういう意味で、はじめから不良性が、いかがわしさがつきまとう。もともと等身大のファッションなんてありえないのであって、つねに背伸びするか、萎縮するか、つまりサイズがずれてしまうのが人間だ。パスカルは「不均衡」(ディスプロポーション)が人間だと言ったが、ファッションは人間の存在のそのディスプロポーションをいちばん微細に表現するいとなみなのだ。

ファッションはふつう表面のプロポーションやバランスをだいじにするけれど、そういうファッションを生みだすぼくらの情念は、はなはだしく釣り合いを欠いたものなのだ。以前、はじめてファッションについて書いた文章のなかで、ぼくは、「人間は、自分自身を翻弄するようなある根源的なディスプロポーションのうちに組み入れられているのであって、それがたえずファッションを突き動かし、変化させている、と考えることはできないだろうか」と書いたが、その考えはいまも変わっていない。

存在のギプスとしての衣服——つぎはぎの身体《からだ》

じぶんで見えるじぶんのからだ、手を伸ばして触れた腿《もも》の裏、内部から微細な音や振動を伝えてくる内臓部、ずきずき痛むこめかみ、他人の視線を感じる背中……。ぼくらの身体感覚はいつも断片のように散らばっている。それらの断片を縫うようにして、想像力が「わたしの身体」を一つの全体像として描きだす。ぼくらの存在はその意味で、一種のつぎはぎ細工だ。想像力がたよりなのだ。想像力が衰弱すると、かろうじて服がそれを支えてくれる。服が想像力をもう一度かりたてる。だから、無理をしなくてはならないのだ。気張らなくてはならないのだ。じぶんを下りられなくするために、だ。

着るときのこの気迫を、ぼくらはファッションと呼んでいる。ぼくらは服を失ったら、おそらく皮膚を掻きむしったり、裂いたり、激しく擦《こす》ったりするしかないだろう。想像力のかわりに苦痛で、からだの断片を繋ぎあわせるしかないだろう。

このごろよく見るようになったつぎはぎの服や、糸のほつれた服、透けた服、しわくちゃの服、穴の開いたままの服は、ぼくらのそういう存在条件を連想させる。それにしてもいったいどうして、そんなみすぼらしい服が、ぐっとドレス・アップした服装に劣らず、あるいはときにそれ以上に気持ちがいいのだろう。

ぼくらはもともとちぐはぐな存在なのに、多くのファッションはそういう根源的な貧しさをむしろ隠蔽《いんぺい》し糊塗《こと》するようにゴージャスやエレガントを装う。そうしたさまざまのイメージの外圧のなかで、そういうドレス・ダウンのファッションは、ぼくらに、ちぐはぐやほつれややぶれやつぎはぎを、欠損というよりもむしろ、風穴のように感じさせるのではないだろうか。心貧しきぼくらの存在を、貧しいファッションが救ってくれるという面があるのではないだろうか。

「シャツと上着を買った。ふつうは新しい服で鏡を見ると、新しい皮膚に興奮するのだが、彼のシャツと上着はちがった。新しいのに長年着ている服のようだった」。ヴィム・ヴェンダースは山本耀司を撮った映画『都市とモードのビデオノート』のなかでこうつぶやいているが、このことばは、「ぼくらの存在条件そのもののような服だった」と言い換えることができるかもしれない。

わたしたちは自分を虚弱で疲弊したものと感じているので、こうした力の減衰をなんとかして埋め合わせようという衝動に抗することができない。この補塡《ほてん》機能をモードが引き受ける。ニュートンは、衣服と化粧が、欠損を隠蔽したり、補正したりする義肢や義眼の一種であることを、しっかり見抜いていた。

これは、ヘルムート・ニュートンの写真集（『私有財産』）の解説を書いているマーシャル・ブロンスキーというひとのことばだが、ここで衣服は、ぼくらがそれぞれ個として「じぶんで立つ」ためにどうしても必要なギプスのようなものとしてとらえられている。次の写真なんかはそのまま、写真による衣服論だと言っていいくらいだ。

ついでに言うと、ヨウジの服は、脱いだあとがいい。ハンガーかなんかにちょんとかけて置いておくと、ちょっと不格好で、ちょっと崩れ、ちょっと照れくさそうな顔をしている。まるで着ていたときの気迫とバランスをとるかのように。ヨウジの服を部屋にかけておくと、ふとぼくは、床に脱いだ友人の靴を描いたゴッホの絵をおもいだす。時間を、記憶を縫い込んだ服。着るための服というより、まるで脱ぐためにあ

ヘルムート・ニュートン
「ジェニー・カピタン」1977年

る服のようにおもえてくる。ヴェンダースが撮った映画のなかでも、山本さんは「時間をデザインしたい」とつぶやいていた。すぐれたデザイナーはとりわけ布のテクスチュア〔肌理《きめ》〕にこだわるというけれど、それは結局、時間を着るためなのだろうか……。

時間を着る、記憶を縫い込む。それは、ファッションが通常そう考えられている「新しさ」の追求とは対極の行為だ。それぞれがじぶんの時間を着ることで、世の中の流行という意味でのモードが提示する「いま」を、むしろはみ出ていくものだ。そのはみ出るきざし、そしてそれらが乱反射するさまに、もっともよく耳を澄ませるのがファッション・デザインなのだとおもう。そのためには、着込む布じたいが時代を呼吸しているものでなければならない、目ききの職人さんはそんな思いで糸を撚《よ》り、布を織っているはずだ。

どこをめくってもアンバランスばかり目に入ってくるぼくらの存在、それへの感受性が〈衣服〉という支えを呼び込むのだけれど、衣服はそのアンバランスを裏返し、ぼくらの小さな〈自由〉に変えてくれる。その自由とは、時代が陰に陽に強いてくるあるスタイルへの閉じ込めに抗《あらが》って、「こんなのじゃない、こんなのじゃない」とつぶやきながら、たえずじぶんの表面を取っ換え引っ換えする、あのファッション感覚

ヨウジヤマモト　89年春夏コレクションより

のことだ。それは、人生の「はずれ」を「はずし」へと裏返す感覚だ。じぶんが背負っているさまざまの人生の条件、そこにはひとそれぞれ、いろんな不幸、いろんなハンデがある。

そういう「はずれ」を、軽やかで機知にとんだ時代への距離感覚（「はずし」）へと裏返す感覚、それがファッション感覚だとすれば、もっともスマートなひと、流行にそつなく乗り、いずれマジョリティもしぶしぶついてくるはずのものをいち早くとり入れるスタイリッシュなひと（流行人間）が、じつはもっともアンファッショナブルであるという事実は、逆説でもアイロニーでもないのだ。

はずすこと、ずらすこと、くずすこと。それは職人の美学であり、ダンディズムの極であると同時に、弱きものの抵抗であり、そして着るひとの第一歩でもある。

ぼくは二十歳だった。それがひとの一生でいちばん美しい年齢だなどとだれにも言わせまい。

六十年以上も前に書かれたポール・ニザンの『アデン・アラビア』の、この書きだしのことばは、その意味でじつにファッショナブルだ。

あとがき

ぼくは、三十代のある日、突然ファッションについて書きはじめた。ぼくらがからだであるという事実について、あるいは、ぼくらがじぶんのからだをどのように経験しているかについて、こよなく具体的に考えてみたかったからだ。からだといっても、ぼくらが知っているのはほとんど、衣を身にまとい、靴をはき、髪をととのえているからだだ。これがぼくらにとっての、ありふれた、生《なま》のからだだ。生物室の人体模型やグラビアのヌードなどは、それとくらべればむしろ抽象的である。

衣について考えるとなると、流行という社会の〝風邪〟、あるいは歴史のリズムについて考えざるをえない。歴史や文化を超えた普遍的な衣などというものがあるわけではない。ぼくらは、ある時代に、ある場所で生まれ、生きる。そしてその時、その場を煽《あお》っている空気を、衣はいっぱいに孕《はら》み、吸い込んでいる。

その空気が、《ファッション》とか《モード》と呼ばれるものだ。そしてそれらはさらに、くりかえし「ヴァニティ・フェア」と呼ばれてきたし、最近では「エフェメラの帝国」と呼ぶのが流行《はや》りになっている。それぞれ虚栄の市、蜉蝣《かげろう》の帝国という意味だ。ファッションとは「虚しさ」と「虚栄」、「うつろいやすさ」と「儚《はかな》さ」の代名詞だと言わんばかりである。それにさらに「うわべ」とか「みてくれ」といった否定的なことばがつけ加わる。そして軽薄、表面的、虚飾、仮象、空虚……なんでもいいのだが、とにかくファッションはつねに軽薄なもののシンボルあつかいされてきた。〈存在の耐えられない軽さ〉(ミラン・クンデラの小説の題名だ)、それをファッションが一身に引き受けている感がある。損な役である。

だからというのではないが、ぼくがファッションについてはじめてまとまった文章を書いたとき、どうして哲学者がファッションなんか論じるんですか、とよく尋ねられた。哀しい思い出だけれど、ロラン・バルトの『モードの体系』という本のことを言うふりをして、「世も末だな……」と恩師のひとりにつぶやかれたこともある。軽さではなくて重さ、浅薄ではなくて深遠、表面的ではなくて根源的、つくりごとではなくて真実性、そして根拠、原理、真理、実在。やれやれ、「哲学的」であるとは、鉄の塊《かたまり》を引きずるほどに重いことであるらしい。

でも、やはりどこかおかしい。裸の哲学者っていない。どんな哲学者も服を着ている。そしてじぶんがそれを着ないでいられないもの、それを侮蔑《ぶべつ》しながらでしか身につけられないって変ではないか。少なくともぼくは、じぶんを侮蔑しながらしか思考できない哲学なんてやりたくない。

詩について書かれたことばで、とても好きなことばがある。「みえてはいるが誰もみていないものをみえるようにするのが、詩だ」。長田弘《おさだひろし》さんのことばである。これは同時に哲学《てつがく》の定義でもありうるとおもう。そういうことを、古来の哲学者たちはいっぱい書いてくれていた。そこから、服についての見かたも学びたいとおもう。

哲学のものの見かたに立ってファッション論を書くことができるかな、という感触を手に入れたのは、ファッションという現象を、パスカルの《ディスプロポルシオン》という概念（「不釣りあい」とか「不均衡」と訳される）と結びつけることをおもいついたときだ。プロポーションをいちばんたいせつにするファッション、それを突き動かしているのは、ひょっとしたら、人間という存在の、プロポーションを欠いたありかたではないかと考えだしたときだ。そのアイデアを手に入れたとき、ぼくはファッションについての最初の文章を書きはじめていた。のちに『モードの迷宮』（中央公論社）という本になった文章である。この本にはいろんなかたがたがどっさり批評を寄せてくださって、それらの一つ一つに強烈な刺激を受けた。そうしてさらにモード論やファッション時評に首を突っ込んでいった。いろいろなひとに出会った。物の肌理《きめ》、触手、リズムといった、哲学が長らく忘れていたらしいいろんな感覚にふれることができた。きめや感触《テクスチュア》、襞《ひだ》、折りめ、結びめ、くぼみ、重ね、裏返しなど、世界の生成をまるで広げられた〈衣〉のように語りだすメルロ＝ポンティの現象学に長いあいだ魅せられてきたということも、あるいはあったかもしれない。そのメルロ＝ポンティもパスカルの思考世界に深く身を浸《ひた》していた。ディスプロポルシオン、ぼくにとってのこのキーワードを、ぼくはここで「ちぐはぐ」と訳している。

そのあとも、いろいろな機会にモードについて考え、発言し、また書いてきた。そうした断片群を、もう一度じぶんのあたまのなかでおもいっきりシャッフルして、そしていま目のまえに高校生のカップルがすわって、ぼくの話に耳を傾けてくれているシーンを想像しながら、一から語りおろす調子で紡《つむ》いでいったのが本書である。ついつい論旨が先走って舌足らずになったところ、あるいはついことばにもたれかかってしまい、こなれない文章になったところもたくさんあって、反省することしきりではあるが、ほとんどじぶんが高校生にもどったような気分で書いたところもあって、そのときは愉《たの》しかった。

ぼくはむかし一度、予備校生に向けてファッションについての話をし、それを本にしてもらったことがあるけれど（『ファッションという装置』河合文化教育研究所）、こんどは高校生に向けてあたかも話しかけるように書くことになった。それを仕掛けたのは、筑摩書房編集部の松田哲夫さんと井口かおりさんだ。とくに井口さんには、「早く読みたい、がんばれ」と声援していただき、少しずつ原稿を送ると、こんどは「ここちっとわかりにくい」「文章、かたい」「こんな表現、女の子には抵抗ある」などといった鋭い反応を機関銃のように撃ってこられた。というわけで、少しでも読みやすくなっているところがあるとすれば、それはすべて彼女の努力による。

一九九五年六月　鷲田清一

文庫版あとがき

人生は、やっぱりちぐはぐなままだった。

十代向けのシリーズの一冊としてこれを書いて、もう十年近くなる。ぼく自身のちぐはぐもなんら変わることがなかった。からだに衰えを感じるぶん、よけいちぐはぐはひどくなったともいえる。十代から数えて、二度目の「ちぐはぐな身体」を体験中である。ちぐはぐという存在様式は、齢の重なりとともにますます烈しいものになってゆく。「わたし」の存在のなかのずれはますます高じるばかりだ。それにつれ、〈老い〉への途を反芻する文章を書くことも多くなってきた。

十代のファッションはいまも元気だ。みんな、ひとびとのあいだでじぶんが占める場所を、からだ全体の感触で探りあてようとしているのだろう。そういうあがきは、まぶしいし、痛い。それをすれ違いざまに感じられるあいだは大丈夫かな、とおもう。

でも、ファッションにこの十年、大きなうねりがなかったわけではない。ファッション、ファッションと言うのはダサイ、というイメージが固まってきた。もっとさりげなく、というのはセンス・アップした証拠なのかもしれないが、この社会との格闘やそれにともなうあがきが、空中に放散して、皮膚のもっとも近くで起こらなくなったというのは、ちょっとやばいとおもう。

じぶんの〈存在〉がなんか浮いているという感覚、もっとちりちりしていたいという苛立ち、決定的なものが何もないという空白感、物がいっぱいあるのにそれでも内から泌みだしてくる欠乏感……。これらがファッションのような見えるものではなく、眼に見えないところに沈降しはじめているのだろうか。芹沢俊介さんの言葉を借りると、浮遊している身体を着地させるために重しをかけたいのだが、それがまさに身体を軽くすることによってしかできない、という思いが、いまのファッション感覚を浸しているのかもしれない。

ファッションとは別のところでみずからの皮膚を傷つけるひとたちがいる。せっかく制服なしの学校に入ったのに、わざわざよその学校の制服を買って着てゆくひとたちもいる。身を傷めることによってしか、身を縛ることによってしか、じぶんを緩めることができないようなしんどい状況が、こんなところに顔を出しているのだろうか。

飾ったり、突っぱったり、ひねくれたり、ふてくされたり……。ファッションはいつも愉しいが、ときどき、それが涙に見えることがある。

二〇〇四年十一月

鷲田清一

解説　ちぐはぐな解説

永江　朗

「ぼくは、三十代のある日、突然ファッションについて書きはじめた」と、鷲田清一さんは本書のプリマーブックス版あとがきで書いている。それを真似ていうなら、私は三十代のある日、鷲田さんの文章を読んでから、ファッションについて、とても楽な気持ちになった。

誰でもそうだと思うけれども、十代から二十代のころは、自意識のかたまりみたいなもので、「じぶん」が気になってしょうがない。とくにファッションは大問題だ。何を買おうか、何を着ようか。しかも、洋服ひとつ選ぶにも、いくつかのハードルを越えなければならない。たとえばお金。ほしい服の値札と財布の中身には絶対的な隔たりがあった。昔はユニクロも無印良品もGAPもなかったし、古着屋もいまのように一般的でなかった。その服をいつ着るか、着てどこへいくかという問題もあった。社会人になってからは、職場で着ていい服といけない服があるのを知った。

でも、いちばん高いハードルは「じぶん」自身だ。私は身長が一六〇センチしかない。二十代のころの体重は四八キロだった。だからSサイズでも大きかった。しかも足が短い。洋服屋のハンガーにかかっているときはあんなにかっこよかったのに、試着するとまるで別物だった。何度じぶんを呪ったことだろう。「あと二〇センチ背が高かったら。いやそんなぜいたくは言わない、一〇センチでも、たった五センチでもいいから」と思った。クレオパトラの鼻が低かったら世界史がどう変わっていたかはわからないけど、私の背があと二〇センチ高かったら、まったく別の人生になっていたのは確実だ。

いまなら、服は着たいものを着ればいいし、あれこれ悩むのも楽しみのうちさ、なんて笑っていられる。達観とまではいわないけれども、過剰だった自意識がそぎ落とされ、「じぶん」がそれほど気にならなくなった。洋服への関心が薄れたわけではない。それどころか、むかしよりもこまめにファッション誌をチェックし、頻繁に洋服屋を覗くようになった。しばらく前に茶の湯を始めてからは、和服にも関心がわいてきた。「じぶん」が気にならなくなったのは、年齢を重ねたこともあるけれども、鷲田さんの著作を読み続けてきたことが大きいかもしれない。

「じぶん」が気にならなくなった、というのは正確ではない。気にはなる。気にはなるけど、気になるのがあたりまえで、人間である以上はしょうがないことなのだと思えるようになった。そこから逃れられないのなら、気にする「じぶん」を観察し、おもしろがればいい。

本書はファッションについて哲学者が考察したものだ。川久保玲や山本耀司の洋服について具体的に述べている文章もある。だけど、ファッションそのものについての考察であるだけでなく、ファッションを通じて「じぶん」の身体や「じぶん」自身について考察している書物でもある。

これはうまいやりかただ。

哲学者は「じぶん」と世界についてずっと考えてきた。ソクラテスだって、デカルトだって、ヘーゲルだって。東洋の哲学者だって同じだ。だけど、洋服が「じぶん」について、「じぶん」と世界について悩ませるのであれば（十代、二十代のころの私のように）、洋服について考えれば、それは必然的に「じぶん」と世界について考えることになるのだから。

だけどそれはいまだから言えることだ。哲学の世界では、異端なことだったと思う。事実、プリマーブックス版のあとがきのなかに、鷲田さんの恩師のひとりが、「世も末だな……」とつぶやいた、というエピソードが出てくる。だからといって、鷲田さんが反逆児だったとは思わない。むしろ、哲学の歴史に対して誠実に、フッサールやメルロ＝ポンティの切り開いた現象学の精神に忠実に、じぶんと世界について考えていったら、ファッションに行き着いたのだと思う。まあ、これはあくまで私の想像だけど。

鷲田さんの文章に出会ってから、私にとって、洋服を選ぶことや洋服を着ることが、哲学的実践のひとつになった。たとえばコム デ ギャルソンの服を着るとき、「なぜこんな形をしているのか」「この素材感は何なのか」と考え、着たときの感覚の変容をじっくりと観察するようになった。

その考察や観察は、デザイナーの意図を考えるということではない。コム デ ギャルソンでなくても、無印良品でもGAPでも、代官山のショップで売られている古着でも同じだ。洋服だけでなく、クルマや携帯電話や万年筆にだって同じことがいえるかもしれない。哲学はあらゆるところにある。

おしまいに鷲田さん自身のことを少し。

というのも、しばらく前にある人から「鷲田先生って、すごく固くて難しい人というイメージがあるんですが」といわれて驚愕したことがあったから。思うに、新聞なんかに載るときの顔写真がいけないんじゃないだろうか。唇をきりりとむすんでレンズを真剣に見つめている。四六時中ああいう顔の人だと誤解してしまう。鷲田さんはぜひ笑顔のポートレイトを使うべきだと思う。

それと、大阪大学文学部学部長だの大阪大学副学長だのという肩書きも災いしているのかもしれない。

実物は違います。「固くて難しい」の正反対とまではいわないけれども、冗談が好きで、穏やかで（怒ったところはいちども見たことがない）、笑顔をたやさない。それと、鷲田さんの文章は標準語で書かれているけど、読むときは関西弁、それも京都のイントネーションで読んでください。そうすれば、哲学もファッションも、より深くわかってくるでしょう。いや、ほんと。

本書は、一九九五年十月二十五日、筑摩書房よりシリーズ・プリマーブックスの一冊として刊行された。

新版 思考の整理学　外山滋比古

「東大・京大で1番読まれた本」で知られる〈知のバイブル〉の増補改訂版。２００９年の東京大学での講義を新収録し読みやすい活字になりました。

質問力　齋藤孝

コミュニケーション上達の秘訣は質問力にあり！ これさえ磨けば、初対面の人からも深い話が引き出せる。話題の本の、待望の文庫化。（斎藤兆史）

整体入門　野口晴哉

日本の東洋医学を代表する著者による初心者向け野口整体のポイント。体の偏りを正す基本の「活元運動」から目的別の運動まで。（伊藤桂一）

命売ります　三島由紀夫

自殺に失敗し、「命売ります。お好きな目的にお使い下さい」という突飛な広告を出した男のもとに、現われたのは？（種村季弘）

こちらあみ子　今村夏子

あみ子の純粋な行動が周囲の人々を否応なく変えていく。第26回太宰治賞、第24回三島由紀夫賞受賞作。書き下ろし「チズさん」収録。（町田康／穂村弘）

ベルリンは晴れているか　深緑野分

終戦直後のベルリンで恩人の不審死を知ったアウグステは彼の甥に訃報を届けに陽気な泥棒と旅立つ。歴史ミステリの傑作が遂に文庫化！（酒寄進一）

向田邦子ベスト・エッセイ　向田邦子　向田和子編

いまも人々に読み継がれている向田邦子。その随筆の中から、家族、食、生き物、こだわりの品、旅、仕事、私……、といったテーマで選ぶ。（角田光代）

倚りかからず　茨木のり子

もはや／いかなる権威にも倚りかかりたくはない……話題の単行本に3篇の詩を加え、高瀬省三氏の絵を添えて贈る決定版詩集。（山根基世）

るきさん　高野文子

のんびりしていてマイペース、だけどどっかヘンテコな、るきさんの日常生活って？ 独特な色使いが光るオールカラー。ポケットに一冊どうぞ。

劇画 ヒットラー　水木しげる

ドイツ民衆を熱狂させた独裁者アドルフ・ヒットラーとはどんな人間だったのか。ヒットラー誕生からその死まで、骨太な筆致で描く伝記漫画。

ねにもつタイプ 岸本佐知子

何となく気になることにこだわる、ねにもつ。思索、奇想、妄想はばたく脳内ワールドをリズミカルな名短文でつづる。第23回講談社エッセイ賞受賞。

TOKYO STYLE 都築響一

小さい部屋が、わが宇宙。ごちゃごちゃと、しかし快適に暮らす、僕らの本当のトウキョウ・スタイルはこんなものだ！ 話題の写真集文庫化！

自分の仕事をつくる 西村佳哲

仕事をすることは会社に勤めること、ではない。仕事を「自分の仕事」にできた人たちに学ぶ、働き方のデザインの仕方とは。（稲本喜則）

世界がわかる宗教社会学入門 橋爪大三郎

宗教なんてうさんくさい!? でも宗教は文化や価値観の骨格であり、それゆえ紛争のタネにもなる。世界宗教のエッセンスがわかる充実の入門書。

ハーメルンの笛吹き男 阿部謹也

「笛吹き男」伝説の裏に隠された謎はなにか？ 十三世紀ヨーロッパの小さな村で起きた事件を手がかりに中世における「差別」を解明。（石牟礼道子）

増補 日本語が亡びるとき 水村美苗

明治以来豊かな近代文学を生み出してきた日本語が、いま、大きな岐路に立っている。我々にとって言語とは何なのか。第8回小林秀雄賞受賞作に大幅増補。

子は親を救うために「心の病」になる 高橋和巳

子は親が好きだからこそ「心の病」になり、親を救おうとしている。精神科医である著者が説く、親子という「生きづらさ」の原点とその解決法。

クマにあったらどうするか 姉崎等 片山龍峯

「クマは師匠」と語り遺した狩人が、アイヌ民族の知恵と自身の経験から導き出した超実践クマ対処法。クマと人間の共存する形が見えてくる。（遠藤ケイ）

脳はなぜ「心」を作ったのか 前野隆司

「意識」とは何か。どこまでが「私」なのか。死んだら「心」はどうなるのか。――「意識」と「心」の謎に挑んだ話題の本の文庫化。（夢枕獏）

しかもフタが無い ヨシタケシンスケ

「絵本の種」となるアイデアスケッチがそのまま本に。くすっと笑えて、なぜかほっとするイラスト集です。ヨシタケさんの「頭の中」に読者をご招待！

ふしぎな社会　橋爪大三郎
第一人者が納得した言葉だけを集めて磨きあげた社会学の手引き書。人間の真実をぐいぐい開き、若い読者に贈る小さな（しかし最高の）入門書です。

承認をめぐる病　斎藤環
人に認められたい気持ちに過度にこだわると、さまざまな病理が露呈する。現代のカルチャーや事件から精神科医が「承認依存」を分析する。（土井隆義）

キャラクター精神分析　斎藤環
ゆるキャラ、初音ミク、いじられキャラetc.。現代日本に氾濫する数々のキャラたち。その諸相を横断し、究極の定義を与えた画期的論考。（岡崎乾二郎）

サヨナラ、学校化社会　上野千鶴子
東大に来て驚いた。現在を未来のための手段とし、偏差値一本で評価を求める若者。ここからどう脱却する？　丁々発止の議論満載。（北田暁大）

ひとはなぜ服を着るのか　鷲田清一
ファッションやモードを素材として、アイデンティティや自分らしさの問題を現象学的視線で分析する。「鷲田ファッション学」のスタンダード・テキスト。

学校って何だろう　苅谷剛彦
「なぜ勉強しなければいけないの？」「校則って必要なの？」等、これまでの常識を問いなおし、学ぶ意味を再び摑むための基本図書。（小山内美江子）

14歳からの社会学　宮台真司
「社会を分析する専門家」である著者が、社会の「本当のこと」を伝え、いかに生きるべきか、に正面から答えた。重松清、大道珠貴との対談を新たに付す。

終わりなき日常を生きろ　宮台真司
「終わらない日常」と「さまよえる良心」――オウム事件直後出版の本書は、著者のその後の発言の根幹である。書き下ろしの長いあとがきを付す。

人生の教科書［よのなかのルール］　藤原和博　宮台真司
〝バカを伝染（うつ）さない〟ための「成熟社会へのパスポート」です。大人と子ども、お金と仕事、男と女と自殺のルールを考える。（重松清）

逃走論　浅田彰
パラノ人間からスキゾ人間へ、住む文明から逃げる文明への大転換の中で、軽やかに〈知〉と戯れるためのマニュアル。

アーキテクチャの生態系　濱野智史
2ちゃんねる、ニコニコ動画、初音ミク……。日本独自の進化を遂げたウェブ環境を見渡す、新世代の社会分析。待望の文庫化。（佐々木俊尚）

「居場所」のない男、「時間」がない女　水無田気流
「世界一孤独」な男たちと「時限ばかり」の女たち。全員が幸せになる策はあるか――？　社会を分断する溝に、気鋭の社会学者が向き合う。（内田良）

他人《ひと》のセックスを見ながら考えた　田房永子
人気の漫画家が、かつてエロ本ライターとして取材した風俗やAVから、テレビやアイドルに至るまで、男女の欲望と快楽を考える。（樋口毅宏）

ファッションフード、あります。　畑中三応子
ティラミス、もつ鍋、B級グルメ……激しくはやりすたりを繰り返す食べ物から日本社会の一断面を切り取った痛快な文化史。年表付。（平松洋子）

9条どうでしょう　内田樹／小田嶋隆／平川克美／町山智浩
「改憲論議」の閉塞状態を打ち破るには、「虎の尾を踏むのを恐れない」言葉の力が必要である。四人の書き手によるユニークな洞察が満載の憲法論！

反社会学講座　パオロ・マッツァリーノ
恣意的なデータを使用し、権威的な発想で人に説教する困った学問「社会学」の暴走をエンターテイメントな議論で撃つ！　真の啓蒙は笑いから。

日本の気配　増補版　武田砂鉄
「個人が物申せば社会の輪郭はボヤけない」。最新の出来事にも、解決されていない事件にも粘り強く憤る。その後の展開を大幅に増補。（中島京子）

狂い咲け、フリーダム　栗原康編
国に縛られない自由を求めて気鋭の研究者が編む。大杉栄、伊藤野枝、中浜哲、朴烈、金子文子、平岡正明、田中美津ほか。帯文＝ブレイディみかこ

花の命はノー・フューチャー　ブレイディみかこ
移民、パンク、LGBT、貧困層。地べたから見た英国社会をスカッとした笑いとともに描く。200頁分の大幅増補！　推薦文＝佐藤亜紀（栗原康）

ジンセイハ、オンガクデアル　ブレイディみかこ
貧困、差別。社会の歪みの中の「底辺託児所」シリーズ誕生。著者自身が読み返す度に初心にかえるという珠玉のエッセイを収録。

ちくま文庫

ちぐはぐな身体《からだ》

――ファッションって何《なに》？

二〇〇五年一月十日　第一刷発行
二〇二五年七月十五日　第二十六刷発行

著者　鷲田清一（わしだ・きよかず）
発行者　増田健史
発行所　株式会社　筑摩書房
東京都台東区蔵前二―五―三　〒一一一―八七五五
電話番号　〇三―五六八七―二六〇一（代表）
装幀者　安野光雅
印刷所　三松堂印刷株式会社
製本所　三松堂印刷株式会社

ISBN978-4-480-42042-8 C0110